IURIS SCRIPTA HISTORICA

XXIV

IURIS SCRIPTA HISTORICA

XXIV

SACHSENSPIEGEL IN BRÜSSEL

DIRK HEIRBAUT, ALAIN WIJFFELS & J. MOMBALLYU (eds.)

WETENSCHAPPELIJK COMITE VOOR RECHTSGESCHIEDENIS
KONINKLIJKE VLAAMSE ACADEMIE VAN BELGIE
VOOR WETENSCHAPPEN EN KUNSTEN

BRUSSEL
2011

KONINKLIJKE VLAAMSE ACADEMIE VAN BELGIË
VOOR WETENSCHAPPEN EN KUNSTEN

Paleis der Academiën
Hertogsstraat 1
1000 Brussel, Belgium
http: //www.kvab.be

D/2011/0455/11
ISBN 9789065690869

Printed by Universa Press - 9230 Wetteren - Belgium

EINFÜHRUNG: GEWOHNHEITSRECHTLICHE EINHEIT IN REGIONALER VIELFALT

von

RIK OPSOMMER

Eine Ausstellung über den Sachsenspiegel in der Brüsseler Vertretung des Landes Sachsen-Anhalt war für das "Komitee für Rechtsgeschichte" der "Königlichen Flämischen Akademie von Belgien für Wissenschaften und Kunst" Anlaß, im Mai 2007 eine wissenschaftliche Tagung über das mittelalterliche Gewohnheitsrecht zu organisieren. Es war ein Glücksfall, dass im November des gleichen Jahres Herrn Dr. Guthke auf der Jahresversammlung des gleichen Komitees in Ypern über ein ähnliches Thema referierte. Das Komitee hat sich deshalb entschieden, die Brüsseler Referate sowie das Yperner Referat zusammen im 24. Band der erfolgreichen Reihe "Iuris Scripta Historica" zu veröffentlichen.

Es ist erfreulich festzustellen, dass es auch im 21. Jahrhundert noch ein Interesse für die mittelalterliche Rechtsgeschichte gibt und dass auch junge Rechtshistoriker, in diesem Band durch Prof. Dr. Heirbaut und Herrn Dr. Guthke vertreten, sich noch die Mühe machen, tiefgreifende Quellenforschung zu betreiben.

Dieser Band zeigt, dass mittelalterliche Rechtsgeschichte keineswegs synonym für ein römisch-rechtlich dominiertes volksfremdes "ius commune" ist, sondern dass man für den nordeuropäischen Bereich viel besser von einem eben so wichtigen und viel volksnäheren gewohnheitsrechtlichen "ius commune" sprechen sollte.

Vor ungefähr 50 Jahren haben Prof. Dr. R. Van Caenegem und Prof. Dr. P. Godding, zwei der wichtigsten belgischen Rechtshistoriker, ihre Laufbahn mit bahnbrechenden Studien über das gewohnheitsrechtliche Strafrecht in der Grafschaft Flandern und über das gewohnheitsrechtliche Zivilrecht im Herzogtum Brabant begonnen. Es ist kein Zufall, dass beide in den ersten zwei Aufsätzen dieses Bandes die Wichtigkeit der gewohnheitsrechtlichen Rechtsbücher für Westeuropa und für die Südlichen Niederlande erläutern.

Nach einer klaren Erörterung der Entstehungsgeschichte des Sachsenspiegels zeigt Prof. Dr. H. Lück die enorme Bedeutung des Sachsenspiegels nicht nur für Deutschland, sondern für ganz Mittelosteuropa auf. Mittelalterliche und frühneuzeitliche rechtshistorische Forschung ist in mehreren neuen EU-Staaten wie Polen, der Slowakei oder Rumänien, und sogar außerhalb der EU wie in der Ukraine oder Weißrussland, ohne Sachsenspiegelkenntnisse kaum möglich.

Prof. Dr. D. Heirbaut hat seine rechtshistorische Karriere mit lehnsrechtlicher Quellenforschung angefangen. In seinem Beitrag erörtert er, dass es schon um 1300 bei den flämischen gewohnheitsrechtlichen Schöffengerichten und Lehnshöfen in der Praxis geschulte juristische Spezialisten gab.

Prof. Dr. A. Wijffels zeigt, dass der Sachsenspiegel eine interessante Mischung aus Landrecht, Lehnsrecht und Strafrecht bildet, dass in jedem Teil die Interessen verschiedenen Gruppen vertreten sind und es letztendlich eine wissenschaftliche Bearbeitung ist, die die Diversität des sächsischen Gewohnheitsrechts vereinfachte und vereinheitlichte.

In seinem klaren Schlußbeitrag ist es Herrn Dr. T. Guthke gelungen zu zeigen, wie sich aus dem Sachsenspiegel und aus der Buchse Glosse des Sachsenspiegels im späten Mittelalter in Deutschland die Möglichkeit einer seperaten Strafklage herausgebildet hat.

In Vielfalt geeint, so heißt das jetzige Europa-Motto. Wir denken, dass dieser 24. Band der "Iuris Scripta Historica"-Reihe als eine "Gewohnheitsrechtliche Einheit in regionaler Vielfalt" diesem Leitspruch doch sehr nahe kommt, die guten deutsch-belgischen rechtshistorischen Beziehungen zum Ausdruck bringt und junge Rechtshistoriker motivieren wird, auch im Zukunft das mittelalterliche Gewohnheitsrecht in Belgien und Deutschland weiter zu erforschen.

INHALTSVERZEICHNIS

EINLEITUNG SYMPOSIUM 'AUSSTELLUNG SACHSENSPIEGEL- UND MAGDEBURGER RECHT GRUNDLAGEN FÜR EUROPA' IN BRÜSSEL

von

JOS MONBALLYU

Flamen sind die Glückskinder Europas. Nur einmal Steuer zahlen und dafür drei Hauptstädte an einem selben Ort erhalten! Brüssel ist nicht nur die Hauptstadt von Flandern und Belgien, sondern auch die Hauptstadt Europas.

Und dank dieser letzten Eigenschaft ergriff die Vertretung des Landes Sachsen-Anhalt in Brüssel die Initiative die Ausstellung Sachenspiegel und Magdeburger Recht – Grundlagen für Europa nach Brüssel zu bringen. Auf diese Weise können alle Belgier und jeder Brüsselbesucher die Gelegenheit ergreifen einen wichtigen Teil der Rechtsgeschichte des Alten Europas kennen zu lernen. Das Alte Europa, das immer noch den Werten und dem Recht des modernen Europa – in voller Entwicklung – zugrunde liegt.

Die Initiative dieser Ausstellung danken wir unserem herausragenden Kollegen Heiner Lück der Martin-Luther Universität in Halle-Wittenberg. Der Universitätsname weist schon darauf hin über welches Thema es sich hier handelt. Martin Luther hat den wertvollen Verdienst, das er die Bibel in die Volkssprache übersetzt, und auf diese Weise allen Leuten die Gelegenheit geboten hat dieses Heilige Buch kennen zulernen. Denselben Verdienst können wir Eike von Repgow mit dem 'Sachsenspiegel' zuschreiben. Er möchte seine praktischen Kenntnisse des Sächsischen Rechts an möglichst viele Leuten weitergeben. Sein Thema war 'Verbundenheit in Verschiedenheit'. Und das ist noch immer das große Thema für die 27 Europäischen Mitgliedstaaten – von insgesamt 48 – die bis jetzt der Europäischen Union beigetreten sind.

Der Name von Professor Dr. Iur. Heiner Lück, der den Lehrstuhl für Bürgerliches Recht, Europäische, Deutsche und Sächsische Rechtsgeschichte an der Juristischen und Wirtschaftswissenschaftlichen Fakultät der Martin Luther Universität bekleidet und Spezialist für die Gerichtsverfassung, Strafgerichtsbarkeit und Rezeption des Sachsenspiegel im Mittelalter ist, ist eine Qualitätsgarantie für die Ausstellung, die hier in Brüssel angeboten wird. Wir danken ihm und seinen Mitarbeitern für die vielen Arbeiten die Sie geleistet haben um diese hervorragende Ausstellung zu realisieren. Darüber hinaus sind wir Ihm ebenfalls sehr dankbar, dass er heute für uns speziell nach Brüssel gekommen ist um über das Thema der Ausstellung eine Darstellung zu geben. Die Königliche Flämische Akademie für Wirtschaften und

Kunst wird seine Anstrengungen immer schätzen. Wir stehen in seiner Schuld und hoffen recht herzlich einen Gegendienst leisten zu können.

Wir danken auch insbesondere der 'Vertretung des Landes Sachsen-Anhalt in Brüssel'. Die Vertretung hat nicht nur auf selbständige Weise die Initiative ergriffen um diese Ausstellung auf ihre Kosten nach Belgien zu bringen, sondern Sie hat auch auf spontane Weise die Gelegenheit gegeben, um hier, in diesem, Gebaüde dieses Symposion zu veranstalten.

Ihre Freundlichkeit haben wir am meisten geschätzt und haben versucht dafür einen Gegendienst zu leisten. Professor Raoul Van Caenegem und Professor Philippe Godding, die international renommierte Vertreter der Belgischen Rechtsgeschichte sind, haben neben Professor Lück zugesagt, eine Darstellung über die Rechtsbücher in Europa und in den Niederlanden zu geben. Sie haben mir sofort und mit viel Enthusiasmus Ihr Ja-Wort gegeben!

Ihre geschätzten Nachfolgern, Professor Dirk Heirbaut der Universität Gent und Professor Alain Wijfels der Universität Leiden, Louvain-la-Neuve, Brüssel und so weiter... werden zunächst einige Teilaspekte dieses Themas besprechen. Ich bin davon überzeugt, dass Sie mit so viel Begeisterung sprechen werden, dass wir allen noch mehr über dieses Thema erfahren werden. So werden wir genau wie Professor Lück noch mehr beitragen zur Europäischen Rechtskultur. Im Voraus meinen recht-herzlichen Dank für Ihre sehr geschätzte Mitarbeit.

HISTORISCHE OVERWEGINGEN N.A.V. DE *SACHSENSPIEGEL*

door

R. C. VAN CAENEGEM

'*Zwei Seelen sind in meiner Brust*' heeft Goethe gezegd. Met evenveel recht kan men stellen dat twee grote rechtssystemen de Europese wereld hebben gedomineerd en nog domineren. Ik bedoel het gewoonterecht en het geleerde, op het Romeinse recht gesteunde, *ius commune*.

Het gewoonterecht is in de wereldgeschiedenis wel bekend en zeer verspreid. Het is een product van de aloude gebruiken, tradities en gewoonten van het volk, zoals toegepast en verklaard in de volksrechtbanken. Dit corpus van normen kon door vorstelijke wetgeving worden aangevuld en gepreciseerd, maar niet fundamenteel veranderd, laat staan afgeschaft. Dit ongeschreven geheel van gedragsregels was flexibel en evolueerde met de tijd en volgens de nieuwe noden van de samenleving. In de *leges nationum germanicarum* van de vroege Middeleeuwen vindt men een schriftelijke optekening – naar antiek model – van de juridische traditie van de Franken, Visigoten, Bourgonden, Friezen en Alamannen. Uit die *Dark Ages* dateren ook de *dooms* van de Oudengelse koninkrijken, zo voortreffelijk uitgegeven in Felix Liebermann's *Gesetze der Angelsachsen*.

Het leenstelsel, dat eeuwenlang zijn stempel op Europa heeft gedrukt, was gewoonterechtelijk ontstaan en geëvolueerd, sporadisch aangevuld met een Karolingisch *capitulare* of een even sporadische wet van een Duits-Roomse keizer. Het werd nageleefd en eeuwenlang door de rechtbanken toegepast zonder enig schriftelijk rechtsboek, laat staan geleerd commentaar (een eerste schuchtere poging ontstond in de 12de eeuw in Noord-Italië). Een ander voorbeeld van traditioneel gewoonterecht is het Engelse *common law*, in de geschiedenis getreden in de tweede helft van de 12de eeuw en oorspronkelijk op feodale gebruiken gesteund, maar ontwikkeld tot een nationaal recht door de vonnissen van de koninklijke rechters. Dit *common law* is aangevuld door wetten van de *King in Parliament*, maar is tot op de huidige dag het aloude gewoonte- en rechtersrecht gebleven, dat niet geacht wordt door *Acts of Parliament* te worden *overruled*. In de dertiende eeuw verschijnen in het volle daglicht de Franse *coutumes*, die het leven van het noordelijke twee-derden van het koninkrijk – de *terre de coutume* – hebben overheerst tot het einde van het *Ancien Régime*. In Duitsland domineerde het Saksische en het Zwabische gewoonterecht het leven van de Noord- en Zuid-Duitse gewesten tot het einde van de Middeleeuwen. Dit was het recht waarmee iedereen vertrouwd was en dat het dagelijkse leven van de gewone mens regelde. De grote optekeningen van deze normen – waarover dadelijk meer – waren dan ook opgesteld in de volkstaal (met uitzondering van Engeland, waar Latijn en *Law-French* overheersten).

Een groter contrast met het andere oud-Europese recht – het *ius commune*, waar we thans onze aandacht op vestigen – kan men zich moeilijk voorstellen. Want dit was een geleerd product, vreemd aan de zeden en gewoonten en de taal van de middeleeuwse mens en een geesteskind van de universiteit. De grondslag en het vertrekpunt van dit geleerdenrecht was een voor de mens van de 12de eeuw wereldvreemd wetboek van een zesde-eeuwse Byzantijnse keizer, dat in systematische orde o.m. de wijsheid van de Romeinse juristen van de sinds lang verdwenen antieke wereld bevatte. Dit *Corpus Iuris* was in de 12de en 13de eeuw aan de universiteiten van Bologna, Montpellier, Napels en Orléans het voorwerp van lessen die in het Latijn werden gegeven en uiteraard alleen toegankelijk waren voor de *rari nantes in gurgite vasto* die deze dode taal niet alleen begrepen, maar er ook in konden disputeren. Dit esoterisch onderwijs kende groot succes en lokte een studentenpubliek uit vele landen om deze juridische revelatie te komen absorberen. Mettertijd is dit aan de geleerden van heel Europa gemeenschappelijk recht – vandaar *ius commune* in tegenstelling tot het *jus proprium* van elke stad of gewest – uit het enge kader van de leslokalen gebroken en heeft ook de praktijk beïnvloed – om zelfs, in het Humanistische tijdvak, het nationale recht van het Duitse keizerrijk te worden.

Hoe heeft dit toch wel op het eerste gezicht bevreemdend verhaal zich kunnen voordoen? Er was een culturele factor. Middeleeuwse mensen keken vol verering op naar de grote denkers van de Oudheid: zij voelden zich als 'dwergen gezeten op de schouders van reuzen'. De filosofen, geografen, anatomen, astronomen, fysici, literatoren en juristen uit de Grieks-Romeinse glorietijd genoten absolute autoriteit en werden vanaf de 12de eeuw in het Westen herontdekt. Dat Modestinus en Ulpianus heidenen waren was geen bezwaar, want hun geschriften waren opgenomen in het Wetboek van de grote christelijke keizer Justinianus, zoals de heidense filosofen acceptabel waren gemaakt door ze een *anima naturaliter christiana* toe te dichten. De technische kwaliteit en de subtiliteit van het antieke Romeinse rechtsdenken moeten in vergelijking met de eenvoud van de middeleeuwse optekeningen een overweldigende indruk hebben gemaakt.

Er was ook een politieke factor. De straffe, hiërarchische regeringsvorm van het *Imperium Romanum* was een model en inspiratiebron voor de Kerk en de staten die hun structuur in de post-feodale tijd moderniseerden. Grote pausen-wetgevers als Alexander III, Innocentius III, Innocentius IV en Bonifacius VIII waren zelf geleerde juristen, en de vorsten lieten zich bijstaan door rechtsgeleerden (reeds Thomas Becket had, voor hij in 1161 kanselier van koning Hendrik II werd, een jaartje aan de juristenuniversiteit van Bologna gestudeerd). Maar al die rechtsgeleerden – ook de kerkelijke rechters – hadden aan de universiteit een graad behaald in het Romeinse recht.

In dit Europese 'verhaal van twee rechtssystemen' neemt de dertiende eeuw – de tijd van de *Sachsenspiegel* – een bijzondere plaats in, want dan is de tweespalt eerst duidelijk aan het licht gekomen. Het is inderdaad in die tijd dat zowel in het gewoonterecht als in het *ius commune* een aantal invloedrijke en omvangrijke geschriften van hoge kwaliteit zijn ontstaan. Ik vernoem hier – naast de *Sachsenspiegel* – de *Ancien Coutumier de Normandie* uit c. 1235-58, gevolgd door de *Conseil à un ami* van Pierre de Fontaines over het recht van Vermandois en door de *Coutumes de Beauvaisis* van Philippe de Beaumanoir uit de jaren 1279-83, een uitvoerig en voortreffelijk werk. Het is in diezelfde eeuw dat Henry de Bracton († 1268) het grootste exposé van het middeleeuwse *common law* heeft geschreven, vergelijkbaar met de beroemde theologische *summae* van zijn tijd: ik bedoel de *Tractatus de legibus et consuetudinibus Angliae*, bekend als '*the flower and crown of English jurisprudence*'. Sommige van die rechtsboeken beschrijven de rechtsregels, andere bestaan eerder uit een – gecommentarieerde – presentatie van processen en vonnissen (vooral dan in Engeland waar *case law* zo belangrijk was en is).

In diezelfde 13de eeuw zijn ook de eerste grote werken van het middeleeuws-Romeins recht verschenen, die handleidingen zijn geweest voor vele generaties studenten van het *ius commune*. Ik vernoem de *Summa Codicis* van Azo uit de jaren 1208-10, een werk van een kwart miljoen woorden waarvan nog in de 16de eeuw 24 gedrukte uitgaven zijn verschenen. Een andere reus van het *ius commune* was zijn landgenoot en leerling Accursius, compilator van de *Glossa Ordinaria*, een verzameling van glossen op het *Corpus Iuris*, een titanenwerk van ong. twee miljoen woorden, ontstaan in de eerste decennia van de 13de eeuw, toen Accursius te Bologna doceerde (we vernemen dat hij rond 1255 zijn universiteit verliet om een – welverdiende – rust te vinden in zijn landhuis in de buurt van zijn geboortestad Florence). In de 2de helft van de eeuw schreef Guillaume Durand, net als Eike von Repgow, een 'Spiegel' (1ste ed. 1271, 2de ed. 1290), niet van een regionaal gewoonterecht maar een 'Gerechtsspiegel' gebaseerd op Romeins en kerkelijk recht. De Latijnse titel, *Speculum Judiciale*, heeft hem de bijnaam 'de speculator' opgeleverd. Zijn tijd- en landgenoten Jacques de Revigny († 1296) en Pierre de Belleperche († 1308) schreven *lecturae* en *repetitiones* op verscheidene onderdelen van het *Corpus Iuris*.

Wat de costumieren en de romanisten bond was hun bekommernis om het recht, maar toch schenen ze op twee planeten te leven. Inderdaad, wat had de schepenbank van Ukkel gemeen met de *magistri* van Orléans? Sterker nog, wat hadden deze laatsten gemeen met de praktizijnen van het gewoonterecht in hun eigen stad, die in de *pays de droit coutumier* lag en niet in de *pays de droit écrit*? Deze twee groepen van gepassioneerden van het recht spraken niet met elkaar. Waarover zouden ze trouwens hebben gepraat? De enen waren vertrouwd met het feodale verheffingsgeld of de *writ of novel disseisin*, de anderen schreven glossen op wat Ulpianus in D. 4.2.9.1. had gezegd over de *actio Pauliana*. Henry de Bracton en Eike von Repgow hadden geen graad behaald in Bologna, en Azo en Accursius hadden evenmin het koude Saksen of het mistige Engeland bezocht. Indien toen de contactfora van het Comité voor Rechtsgeschiedenis hadden bestaan, zouden daar wellicht zeer boeiende discussies zijn gevoerd (Henry en Eike kenden latijn), maar die gelegenheid bestond toen nog niet.

Toch zijn er contacten geweest. Vrij vroeg heeft men in de landen van het gewoonterecht weet gehad van het geleerde – vooral dan kerkelijke recht – wat niet betekende dat men stond te trappelen om die vreemde eend in de bijt welkom te heten. Beroemd is de uitspraak van de baronnen in Merton in 1236 '*nolumus leges Angliae mutare*', toen gepoogd werd de *legitimatio per subsequens matrimonium* in te voeren (een afwijzing die in Engeland van kracht is gebleven tot in 1926!). Deze verwerping was echter verre van universeel. Integendeel, op het moment dat de baronnen hun 'njet' uitspraken, was Bracton ijverig de *Summa Codicis* van Azo aan het bestuderen. Azo was het Kanaal niet overgestoken, maar zijn geschriften wel! Ook andere auteurs van het gewoonterecht kenden Romeins recht – zo de reeds genoemde Beaumanoir – en werden erdoor geïnspireerd. Dit kon zeer ver gaan: Van der Tanerijen bv. die in de 15de eeuw het Brabantse recht beweert te beschrijven, geeft soms de indruk een exposé van de *ius commune* aan te bieden in de volkstaal.

De romanisten van hun kant lieten zich, in principe, weinig in met het levende recht van hun eigen tijd, wat tot schizofrene toestanden kon leiden. De raadsheren van het, in de eeuw van de *Sachsenspiegel* opgerichte, Parlement van Parijs waren allemaal gegradueerden in de *leges* van de Romeinen, maar moesten beroepshalve in hun dagelijks werk de costumen van Vlaanderen of Vermandois toepassen, waarbij ze zelfs niet expliciet in hun vonnissen en arresten mochten verwijzen naar het recht dat ze zeven jaar aan de Universiteit hadden gestudeerd. Voor sommige leerstellige problemen van hun tijd hebben de geleerde juristen (die niet helemaal in een ivoren toren opgesloten waren) passende oplossingen bedacht. Daar was bv. de levensgrote politieke vraag van de situatie van de koningen. Het *Corpus Iuris* kent geen koningen, maar alleen de keizer, in wiens naam de provincies van het Imperium werden geadministreerd door zijn gouverneurs. In de Middeleeuwen was er een Romeinse keizer (die ook koning was van Duitsland, Bourgondië en Noord-Italië): diens positie was in Romeinsrechtelijke termen probleemloos. Maar quid met de koningen? Was de koning van Frankrijk ondergeschikt aan het oppergezag van zijn oosterbuur? Had hij überhaupt souverein gezag of was hij een regionale gezagdrager onder de *dominus mundi*? Dit laatste was in realpolitieke termen onaanvaardbaar, maar wat gebeurde dan met het gezag van het Romeinse recht? Voor dit probleem hebben de geleerden een perfecte oplossing bedacht door fictief te stellen dat de middeleeuwse koning een keizer was in eigen land: '*rex imperator in regno suo*'. Iedere koning was souverein in zijn eigen koninkrijk en zo werd de realiteit ingepast in de categorieën van het *Corpus Iuris*.

Europa is een juridisch tweestromenland, besproeid door het inheemse en het neo-Romeinse recht, die beiden in de 13de eeuw als volwaardige spelers en bronnen van gezaghebbende geschriften voor het voetlicht zijn getreden. Sindsdien waren ze nooit meer weg te denken uit het Europese landschap, waarop ze elk op zijn manier hun stempel hebben gedrukt in een nooit aflatende dialoog en met onverwachte wendingen. In de 15de en 16de eeuw kwam het inheemse recht aan bod met de Franse homologatie van de costumen, maar het *ius commune* in Duitsland met de *Rezeption*. Het 17de en 18de eeuwse Natuurrecht haalde zijn wijsheid ogenschijnlijk uit de Rede (*Vernunftrecht*), maar putte in feite met volle armen uit de Romeinse schatkamer (zeer duidelijk bij Grotius). De *Code civil* van 1804 bevatte veel oud gewoonterecht uit het noorden, maar de titels III en IV van Boek III zijn onvervalst Romeins. In Duitsland werden de *Sachsenspiegel* en de eigen tradities van Saksen nooit vergeten. Nog in het *Bürgerliches Gesetzbuch für das Königreich Sachsen* van 1865 vindt men naast pandektenrecht (in de systematiek en de verbintenissen) ook Saksisch *jus proprium* (*Partikularrecht*) (in het familie-, erf- en grondrecht). Met het *Bürgerliches Gesetzbuch* van 1896 (1900) heeft, zoals bekend, het geleerde pandektenrecht in het Duitse keizerrijk getriomfeerd.

Het *common law* is onveranderd en onvervalst rechtersrecht gebleven. Getuigen uitspraken van Lord Denning dat '*the law is what the judges say it is*' en van Lord Geldart dat de wetten niet anders zijn dan '*the addenda and errata of the book of the Common Law*' (*Elements of English Law*, p. 11).

Op de dag van vandaag zijn de twee stromen van de 13de eeuw uitgemond in een interessante Europese synthese. *Case law* is geen Engels monopolie, want de continentale jurisprudentie is van enorm belang (zie de honderden vonnissen en arresten over art. 1382 B.W.). Codificatie is geen continentaal monopolie. Engeland heeft weliswaar geen Burgerlijk Wetboek, maar grote gebieden van het burgerlijk recht zijn er het voorwerp van omvangrijke *Acts of Parliament*, die echte deelcodificaties zijn. Rechtswetenschap en theorie zijn evenmin een continentaal monopolie (evenmin als rechtsgeleerde faculteiten, hoewel die in Engeland tot diep in de 19de eeuw onbekend waren). De geleerde exposés van het *common law* zijn zo subtiel en doordacht dat ze de bewondering afdwingen van hun continentale collega's (ik verwijs naar E. J. COHN, *Die Gelehrsamkeit des englischen Rechtspraktikers*, Festschrift F. Schulz, II, Weimar, 1951, pp. 308-29, die o.m. concludeert dat Engeland een 'echte Begriffsjurisprudenz' kent).

Er blijven opvallende verschillen: Groot-Brittannië kent geen geschreven grondwet (hoewel een geschreven Bill of Rights langs een Europees achterpoortje is binnengesmokkeld) en het enorme prestige van de Engelse rechters – in vergelijking met dat van de wetgevers en de professoren – blijft de continentale waarnemer verbazen. Deze verscheidenheid is een gezond verschijnsel: Europese eenheid betekent geen eenvormigheid en culturele veelzijdigheid is een rijkdom van de Europese beschaving.

LES RECUEILS COUTUMIERS DANS LES PAYS-BAS MÉRIDIONAUX AU MOYEN ÂGE

par

PHILIPPE GODDING

Cet exposé est fait à l'occasion de l'exposition à la Représentation du Land Sachsen-Anhalt près l'Union européenne à Bruxelles sur le *Sachsenspiegel*. La question essentielle est donc de savoir s'il existe dans nos régions des recueils similaires et, à défaut, des recueils de droit coutumier. Les régions envisagées correspondent actuellement à la Belgique, au Nord de la France et à la partie méridionale des Pays-Bas. L'époque est celle du 11e au 15e siècle. Les types de recueils sons ceux de droit coutumier, à l'exclusion du droit savant. Le *Sachsenspiegel* ne fait pas partie de mon exposé, mais de celui de M. Lück. Je ne ferai qu'évoquer ses traits essentiels pour le situer par rapport, à ce qui existe à la même époque dans les régions énumérées ci-dessus.

J'ai eu de la chance de recevoir jadis pour compte-rendu dans la *Revue d'histoire du droit* la belle édition de Walter Koschorreck, *Die Heidelberger Bilderhandschrift des Sachsenspiegel* (1970), avec une admirable reproduction en couleurs du manuscrit allant jusqu'à respecter le découpage irrégulier des feuillets de parchemin et reproduisant même les trous (f° 17) ! C'est un bel exemple de l'image au service du droit, une reproduction figurée de la vie juridique, du droit en action, par gestes et symboles, le plus souvent en une interaction entre deux ou plusieurs personnages ou devant une autorité, roi, seigneur, juge. Mais l'image ne donne pas sa pleine signification si on l'isole du texte qui l'accompagne: le texte demeure l'élément principal, le rôle que devait avoir l'illustration a été fort discuté.

1. Ces bandes dessinées ont-elles leur équivalent dans les Pays-Bas méridionaux?

Non. Le seul manuscrit connu dans lequel beaucoup d'images accompagnent le texte n'est pas un recueil juridique proprement dit, mais un rentier mentionnant les redevances ou services dus au seigneur: *Le Veils rentier de messire Jehan de Pamele-Audenarde* édité par Léo Verriest en 1950. Les nombreuses illustrations qu'on y trouve évoquent la vie des ruraux: les paysans, leurs instruments, leur récoltes. Deux images seulement sont du type de celles que contiennent les mss. du *Sachsenspiegel*: '*maire et gens ki plaident*', un '*sires et si homme*'. On y trouve aussi des personnages dont le texte identifie le rôle: '*li maires et li eskevin*', ou en regard de la mention d'un fief, un homme armé comme un chevalier. On peut trouver en outre dans certains mss. une lettrine imagée pouvant se rapporter de près ou de loin au droit mais, à ma connaissance, les mss. relatifs au droit coutumier ne contiennent pas d'images en rapport avec le texte. On en trouvera plus tard dans des livres de droit imprimés, telle l'édition illustrée de la *Practycke in Criminele Saken* de Joost de Damhoudere; mais l'image ne représente que le délit ou son châtiment. Exceptionnellement, une gravure est accompagnée d'un texte commentant l'acte juridique représenté. Ainsi cette scène au tribunal où deux hommes prêtent serment.

2. Les recueils coutumiers dans les Pays-Bas méridionaux au moyen âge

Ces recueils sont dépourvus, non seulement d'une suite d'images illustrant au fur et à mesure le texte, mais même d'une image occasionnelle qui aurait rompu la monotonie de l'écriture. C'est dans l'apparition de ces recueils et leur évolution que la comparaison peut se faire avec l'Allemagne: oui, on trouve dans nos régions l'équivalent du *Sachsenspiegel*, du moins en tant que recueil coutumier, ainsi que d'autres types de ces recueils. Cette ressemblance dans l'apparition et l'évolution des recueils de droit est liée à trois facteurs:

- un même type d'organisation judiciaire issu de l'époque carolingienne: une justice collégiale exercée par des échevins (*schepenen, Schöffen*), qui jugent sur réquisition de celui qui les préside comme représentant du pouvoir royal, princier ou seigneurial. Le même principe vaut pour la justice féodale: une cour composée des vassaux du même seigneur féodal, lequel la préside en personne ou par son représentant.
- la même prédominance de la coutume comme source du droit, formée par la répétition de la même solution donnée en justice à un cas précis, devenant une règle transmise par la tradition orale, plus tard par l'écrit. Les échevins, hommes de fief, membres de cours seigneuriales ou foncières sont censés connaître le droit; ils doivent 'dire le droit'.
- enfin, le même rôle privilégié de certains échevinages dans la fixation de la coutume, reconnus comme 'chef de sens' (*hoofd, Oberhof*), auxquels peuvent recourir des échevinages moins importants, qui doutent de la règle applicable dans tel cas qui leur est soumis. Un cas remarquable en Allemagne est celui de Magdeburg.

Le développement des villes a favorisé ce système, en raison d'une activité judiciaire plus intense de par la densité plus grande de la population. Mais le phénomène urbain n'est pas nécessairement à l'origine du recours à chef de sens; ainsi, le droit d'Uccle s'est répandu en Brabant de cette façon plus que celui de Bruxelles. Le chef de sens fait connaître par 'rencharge' aux échevinages qui le consultent la règle du *Landrecht* d'application. Le plus souvent, ils sont tenus de s'y conformer.

L'évolution vers une mise par écrit de la coutume a été favorisée par des procédures concrètes:

- le procédé du 'record' (*wijsdom, Weistum*): les échevins, anciens échevins ou d'autres personnes assermentées (anciens, notables) rappellent oralement certaines règles coutumières à l'occasion d'un plaid général ou d'un procès; on en a des exemples, notamment pour Tournai ou Valenciennes.
- l'enquête dérivée de l'*inquisitio* qui, lors d'un procès déterminé, recourt au témoignage de praticiens.
- l'enquête par turbe, dérivée à la fois de l'*inquisitio* et du record, qui subordonne la preuve de la coutume au nombre (dix ou plus) de ceux qui l'attestent sous serment;
- le recours à chef de sens.

Tous ces procédés font appel au souvenir de décisions de justice, fondement privilégié de la coutume.

Dans l'apparition de la mise par écrit de rapports de droit, il faut rappeler en premier lieu la tenue par les abbayes, dès le haut moyen âge, de polyptyques, censiers, rentiers. A partir du 13e siècle surtout, la délivrance par les échevins d'écrits faisant foi des actes juridiques accomplis devant eux par des particuliers, sous forme d'actes scellés ou de chirographes. Des privilèges concédés dès le 11e siècle à une ville ou à un village par son seigneur contiennent des règles de droit de natures diverses. Certaines peuvent être concédées à la demande des bourgeois ou manants, d'autres imposées par le seigneur; d'autres encore se bornent à mettre par écrit des règles déjà admises par la coutume. Les exemples sont nombreux: citons, parmi bien d'autres, la charte de Huy de 1066, celle de Grammont (Geraardsbergen) 1067-70, celle de Valenciennes de 1114.

Parmi les recueils de coutumes proprement dits, il est difficile d'établir une classification :

- un grand nombre réunissent des règles générales ou particulières, souvent sous la forme de la relation d'un cas d'espèce avec sa solution, éventuellement suivie de la mention qu'il en a été ainsi jugé, parfois en précisant le nom des parties, de la juridiction (plus rarement celui des juges) et la date. Un exemple est celui des Coutumes des francs-hommes de Cambrai (13e s.): on y trouve plus de 70 cas avec leur solution.
- nombreux sont les recueils de cas jugés en chef de sens, ce qui indique l'importance qui leur est attachée. Ces recueils sont très nombreux en Allemagne. Pour nos régions citons pour Cassel, les *Loy et jugemens des hommes de le baillie de Cassel* (1276-1292), pour Cambrai, les *Enquêtes de la maison de la paix* (13e s.) contenant 51 cas et leur solution, ou encore le *Tout lieu* de Saint-Dizier, avec plus de 300 consultations des échevins d'Ypres (1305-1470), le *Paweilhar Giffou* pour Liège, et enfin pour Uccle, *Dit is trecht van Uccle* (14e siècle), où l'on trouve 128 énoncés généraux ou particuliers de la coutume; une autre collection de la seconde moitié du 14e s. procède par exposé du cas et teneur de la décision, mais sans date ni nom des parties.
- beaucoup de recueils composites ont été établis par un praticien identifié. Pour Cambrai ceux de Simon de Hennin (1383-1414): cas jugés (*enquestes*), ou ceux de Jean de Barbaise (1379-1432). Pour le Brabant, ceux de Willem vanden Mortere (Uccle, 1337): plus de 300 énoncés de la coutume, généraux ou particuliers, des notes de procédure, des formules de serment; de Willem de Moelnere (Anvers, c. 1407): rapports de plaidoiries et teneur de la décision; de Louis Lodevoet (Namur, 1463): énoncés généraux, cas jugés.

Leur caractéristiques communes: il s'agit de recueils établis par des praticiens sans formation universitaire, ne contenant pas d'exposé systématique, exception faite pour Jean Boutillier, influencé par le droit savant. Mais nous abordons là une autre période, celle des Wielant, Damhoudere, etc.

DIE EUROPÄISCHE DIMENSION DES SACHSENSPIEGELS

von

HEINER LÜCK

Seit mehreren Jahrzehnten ist die Forschung fasziniert von der Verbreitung des Sachsenspiegels und des Magdeburger Rechts – zweier ganz bedeutender mittelalterlicher Rechtsquellen, die im Gebiet des heutigen Bundeslandes Sachsen-Anhalt entstanden sind. Ihre enorme Wirksamkeit in Europa, vor allem in Ostmitteleuropa, ist ein wunderbarer Gegenstand der Rechtsgeschichte; nicht nur weil er historisch und philologisch überaus interessant ist, sondern weil er darüber hinaus eine wichtige Grundlage der gemeinsamen Geschichte mehrerer europäischer Völker offenbart.

Der Umstand, daß relativ viele europäische Länder darüber hinaus auch eine starke Verbindung zum sächsisch-magdeburgischen Recht besitzen, ist kaum oder gar nicht bekannt. Dieses Defizit versuchen diese kleine Ausstellung und unser kleines Symposion etwas auszugleichen.

In meinem kleinen Vortrag möchte ich in drei Schritten vorgehen: zunächst möchte ich in einem ersten Teil einige Ausgangspositionen im Entstehungsraum des Sachsenspiegels nachzeichnen. In einem zweiten Teil sollen das Rechtsbuch und seine wichtigsten Textzeugen kurz vorgestellt werden. Der dritte Teil ist der Ausbreitung des Sachsenspiegels in Europa gewidmet.

1. Ausgangspositionen

Die Kulturgeschichte des Mittelalters und der frühen Neuzeit ist auf mannigfache Weise mit den Territorien, die heute zu den Staaten Ostmitteleuropas und Deutschland gehören, verbunden. Zu diesen Wechselbeziehungen gehörten auf rechtlichem Gebiet der Sachsenspiegel und das Stadtrecht von Magdeburg. Beide Rechtsquellen prägten nicht nur das Rechtsleben im mittel-, ost- und norddeutschen Raum, sondern beeinflußten in erheblichem Maße auch die Rechtsordnungen mehrerer osteuropäischer Länder. Der im 13. Jahrhundert im östlichen Harzvorland entstandene Sachsenspiegel beinhaltet vornehmlich Regeln, die für die ländliche Bevölkerung galten. In der alten ottonischen Kaiserstadt und Handelsmetropole Magdeburg an der Elbe bildeten sich auf dem Wege der Gewohnheit Normen heraus, die für Handel und Handwerk sowie für die Balance der Machtverhältnisse in der Stadt akzeptabel und praktikabel waren. Im Verlaufe des 13. Jahrhundert kam es zu einer Vermischung beider ursprünglich streng voneinander getrennter Rechtsmaterien. Sachsenspiegel und Magdeburger Recht verbreiteten sich in einer Art Symbiose. Wenn heute von der Verbreitung des Sachsenspiegels die Rede ist, so ist damit zwangsläufig immer ein Gemisch aus Sachsenspiegelrecht und Magdeburger Stadtrecht gemeint. Wenn von der Verbreitung des Magdeburger Rechts gesprochen wird, kann damit auch wiederum nur dieses Gemisch gemeint sein. Diese Erkenntnis liegt demzufolge auch meinen Ausführungen zu Grunde.

Das Entstehungsgebiet des Sachsenspiegels, das nordöstliche Harzvorland (ca. 200 km südlich von Berlin), gehörte ursprünglich zum Reich der Thüringer. Dieses erstreckte sich etwa zwischen dem Thüringer Wald und der Ohre sowie zwischen Werra und Elbe. Im Jahre 531 unterlag es dem Ansturm von Sachsen, Friesen und Franken. Danach bevölkerten Sachsen das südliche Harzvorland nördlich der Unstrut. In den benachbarten Landschaften siedelten sich Nordschwaben, Franken und Friesen an, während von Südosten her die Slawen bis zur Elbe-Saale-Linie vordrangen. Die Landschaftsnamen *Schwabengau* (zwischen Wipper, Bode und Eine), *Friesenfeld* (zwischen Unstrut, Saale und Salzke) und *Sachsgraben* (bei Wallhausen) erinnern noch an diese Prozesse. Im 8. Jahrhundert erfolgte der Anschluß an das (ost)fränkische Reich. Zu Beginn des 9. Jahrhunderts drangen die Franken sogar in die slawischen Gebiete östlich der Elbe und Saale vor, wo sie die Kastelle *Magadoburg* (805) und *Halla* (806) anlegten. Eine weitere Festigung und Ausdehnung der fränkisch-deutschen Herrschaft erfolgte unter den ersten deutschen Königen aus sächsischem Hause - Heinrich I. (919-936) und vor allem unter Otto I. (936-973). Mit der Sicherung der Ostgrenze an Elbe und Saale durch zahlreiche Burgen entstanden wichtige Voraussetzungen für das weitere Vordringen nach Osten. Gezielt wurden Siedler aus den thüringischen, fränkischen, westfälischen und flämischen Gebieten unter günstigen Bedingungen in das Land geholt. Eine solche Besiedlungswelle ist wenige Jahrzehnte vor dem Sachsenspiegel spürbar, als Erzbischof Wichmann von Magdeburg (1152-1192) insbesondere Flamen im deutsch-slawischen Grenzgebiet ansiedelte. Entsprechend dem mittelalterlichen Personalitätsprinzip behielten sie ihr heimisches Recht. Franken, Sachsen, Flamen, Slawen usw. wurden in der Regel vor Gericht nach unterschiedlichem Recht, nämlich nach ihrem jeweiligen Heimatrecht, behandelt. Möglicherweise war diese Vielfalt in der Praxis unübersehbar geworden; zumindest aber drohten diese verschiedenen personell abgegrenzten Rechtsordnungen sich zu vermischen, wodurch die eine oder andere Bevölkerungsgruppe ihre vielleicht günstigere Rechtslage gefährdet sah (man denke nur an die Diskussion um eine europäische Verfassung heute…). Diese siedlungsgeschichtlichen Faktoren könnten durchaus, begleitet von einem allgemeinen Drang zur Verschriftlichung des Rechts, zur Niederschrift von 'Sassen Recht' geführt haben. Möglicherweise ist das auch eine Erklärung dafür, weshalb dem Sachsenspiegel die Vorrede '*Von der Herren Geburt*' vorangestellt ist. Die dort vorgenommene Zuordnung der im Entstehungsgebiet des Sachsenspiegels ansässigen Adelsfamilien zu bestimmten Stämmen (Schwaben, Franken, Sachsen) würde Sinn machen, wenn es vor Gericht noch einer Mitteilung darüber bedurfte, in welche Rechtsordnung man hinein geboren worden war (Ldr. I 16, 1). Das mag insbesondere auf dem Lande eine Rolle gespielt haben, da der Sachsenspiegel für die Städte zunächst kaum Bedeutung hatte.

2. Charakter als Rechtsbuch und Textzeugen

Der Sachsenspiegel ist das bedeutendste deutsche Rechtsbuch des Mittelalters. Seine Entstehungszeit kann mit den Jahren 1220 und 1235 begrenzt werden. Der konkrete Ort der Niederschrift ist unbekannt, doch scheint selbiger zwischen Harz und Saale/Elbe gelegen zu haben. Jüngere Forschungen bringen die Entstehung des Sachsenspiegels auch mit dem Zisterzienserkloster Altzelle bei Meißen in Verbindung. Aus dem Rechtsbuch selbst geht hervor, daß Graf Hoyer (II.) von Falkenstein (1211-1250), den Verfasser des Sachsenspiegels, Eike von Repgow (ca. 1180 - ca. 1234), gebeten habe, den ursprünglich lateinischen Text in das Deutsche zu übersetzen.

Es ist nicht unwahrscheinlich, daß von der Rezeption der 'fremden Rechte' ein entscheidender Impuls für die Aufzeichnung des heimischen Gewohnheitsrechts ausging. In der um 1140 in Bologna entstandenen ersten systematischen Zusammenfassung des Kirchenrechts durch Gratian (*Decretum Gratiani*) heißt es, daß dort, wo kein geschriebenes Recht existierte – und das war fast durchgängig die Regel –, die Sitten und Gewohnheiten der Väter gelten sollen. Die stärkere Verbreitung des Kirchenrechts nach dem IV. Laterankonzil 1215 könnte dazu geführt haben, daß in vielen Territorien und Landschaften Europas innerhalb weniger Jahrzehnte des frühen 13. Jahrhunderts diese Sitten und Gebräuche der Vorfahren von Privatpersonen aufgezeichnet wurden. Dieser Umstand könnte durchaus auch für die Abfassung des Sachsenspiegels und anderer Rechtsbücher maßgeblich gewesen sein. Gewiß haben zudem die aus der Besiedlungsgeschichte des östlichen Harzvorlandes und des Elbe-Saale-Raumes resultierenden Bedingungen bei der Abfassung des Rechtsbuches eine Rolle gespielt.

Für das Überleben des Sachsenspiegels unter den Bedingungen des gelehrten Rechts seit dem 14. Jh. besitzen die glossierten Sachsenspiegeltexte eine Schlüsselfunktion. Die wichtigste Glosse stammt von Johann von Buch (ca. 1290 - ca. 1356), der ebenfalls aus dem Gebiet des heutigen Sachsen-Anhalt stammt und in Bologna seit 1305 die Rechte studiert hatte. Diese glossierten Formen sind noch wenig bekannt. Eine Arbeitsstelle der Monumenta Germaniae Historica bei der Sächsischen Akademie der Wissenschaften zu Leipzig beschäftigt sich seit 1994 mit der kritischen Editionen. Zwei Glossentexte sind bislang erschienen.

Von den etwa 470 überlieferten Textzeugen des Sachsenspiegels besitzen die vier prächtigen Bilderhandschriften, in denen der Text durchgehend und vollständig von Bildstreifen begleitet und erläutert wird, herausragende Bedeutung für die mittelalterliche Kultur- und Rechtsgeschichte. Sie sind wegen ihrer prächtigen Ausstattung und ihres hohen Informationswertes die bekanntesten Sachsenspiegelhandschriften. Sie wurden überwiegend im 14. Jahrhundert angefertigt. Nach den traditionellen Aufbewahrungsorten werden die Dresdner (D), Heidelberger (H), Oldenburger (O) und Wolfenbütteler Bilderhandschrift (W) unterschieden. Sie lassen sich auf eine gemeinsame Stammhandschrift (X) zurückführen, welche Ende des 13. Jahrhunderts im nordöstlichen Harzvorland entstanden sein soll.

3. Verbreitung in Europa

Der Sachsenspiegel verbreitete sich in Richtung Westen über Stade, Hamburg und Bremen bis in die Grafschaft Holland. Der sog. Holländische Sachsenspiegel, der in einer frühen Druckfassung überliefert ist, markiert den nordwestlichsten Punkt seiner Ausbreitung.

Weitaus wirkungsvoller war die Rezeption des Sachsenspiegels in Osteuropa, die hier wegen ihrer enormen zeitlichen Dimension (13.-18. Jahrhundert) und ihrer räumlichen Ausdehnung über zahlreiche Landschaften und Tausende von Ortschaften in den Gebieten der heutigen Staaten Polen, Tschechien, Slowakei, Ungarn, Rumänien, Litauen, Lettland, Estland, Weißrußland und Ukraine. Hier prägte er gemeinsam mit dem Magdeburger Stadtrecht die Rechtsentwicklung bis in das 19. Jahrhundert, teilweise bis in das 20. Jahrhundert (Lettland), hinein.

In enger Verbindung mit dem Sachsenspiegel gelangte das Magdeburger Recht nach Schlesien, Polen, in das Deutschordensland, in das Baltikum, in die Ukraine, nach Böhmen, Mähren, in die Slowakei und nach Ungarn. Die eigenartige Symbiose, welche der Sachsenspiegel mit dem Magdeburger Recht auf dem Weg nach Osteuropa einging, kommt in den Quellen durch die Bezeichnungen *ius Theutonicum*, *ius Maideburgense* und *ius Saxonum* zum Ausdruck, welche ursprünglich unterschiedliche Inhalte hatten. Davon setzte sich *ius Maideburgense* (Magdeburger Recht) als die umfassende Bezeichnung für das sächsische Landrecht und das Magdeburger Stadtrecht, oft auch für das deutsche Recht (*ius Theutonicum*) schlechthin, durch. Die moderne Forschung erfaßt dieses Ineinandergreifen daher mit dem Begriff 'sächsisch-magdeburgisches Recht'.

Wie die frühen Rechtsmitteilungen aus Magdeburg und Halle andeuten, spielte das (bis 1335) polnische Herzogtum Schlesien eine wichtige Mittlerrolle bei der Rezeption des sächsisch-magdeburgischen Rechts im Osten. Noch im 13. Jahrhundert wurden Złotoryja/Goldberg (1211), Wrocław/Breslau (vor 1241), Środa Śląska/Neumarkt (1235), Głogów/Glogau (1263) u.a. mit Magdeburger Recht bewidmet. In Wrocław/Breslau entstand eine örtliche Bearbeitung des Sachsenspiegels in Gestalt des *Breslauer Landrechts*. Auch das Stadtrecht von Magdeburg erfuhr hier eine besondere Weiterentwicklung, die unter der Bezeichnung *Magdeburg-Breslauer systematisches Schöffenrecht* bekannt wurde. Im Jahre 1261 hatten die Magdeburger Schöffen der Stadt Wrocław/Breslau eine umfassende Rechtsmitteilung erteilt und zudem wohl auch ein vollständiges Exemplar des Sachsenspiegels übersandt. Als Oberhöfe verbreiteten Wrocław/Breslau und Środa Śląska/Neumarkt das Magdeburger Recht in Form von Rechtsmitteilungen weiter.

Von Schlesien aus wurden das Magdeburger Stadtrecht und der Sachsenspiegel nach Polen übernommen. Die Stadt Kraków/Krakau war bei ihrer Neugründung im Jahre 1257 mit Magdeburg-Breslauer Recht bewidmet worden (auf die Feierlichkeiten anläßlich des 750. Jubiläums 2006/2007 sei hier verwiesen). Von hieraus verbreiteten sich Sachsenspiegel und Magdeburger Recht in östliche Richtung nach Rotreußen und nordwärts nach Großpolen. So wurde im Jahre 1253 die Stadt Poznań/Posen mit Magdeburger Recht bewidmet, wo auch ein Oberhof für die großpolnischen Städte deutschen Rechts tätig war.

Für die kleinpolnischen Städte deutschen Rechts ließ der polnische König Kasimir der Große (1333-1370) 1356 auf der Krakauer Burg ein besonderes Gericht als Oberhof – das *ius supremum Magdeburgensis castri Cracoviensis* – einrichten. Bei dieser Gelegenheit erwarb der König wohl auch eine Handschrift des Sachsenspiegels und weitere Bücher des Magdeburger Rechts, um den deutschen Rechtsbüchern in seinem Reich Geltung zu verschaffen. Kasimir sorgte auch für zahlreiche Privilegierungen in den neu gewonnenen Ostgebieten Wolhynien, Halicz, Galizien und Podolien. Für Kleinpolen und Galizien werden ca. 650 Ortschaften, für Großpolen ca. 150 Städte und zahlreiche Dörfer deutschen Rechts angenommen.

Im Deutschordensland vollzog sich die Rezeption des sächsisch-magdeburgischen Rechts vor allem über die Kulmer Handfeste. Dieses Stadtrechtsprivileg wurde 1233 vom Hochmeister des Deutschen Ordens den Städten Toruń/Thorn und Chełmno/Kulm verliehen. Beide Städte entwickelten sich zu Metropolen deutschen Rechts in diesem Gebiet und trugen als Oberhöfe zur weiteren Verbreitung des sächsisch-magdeburgischen Rechts bei. Darüber hinaus wurden sowohl in Chełmno/Kulm als auch in Toruń/Thorn weitere Rechtsbücher angefertigt. So entstand gegen Ende des 14. Jahrhunderts in Chełmno/Kulm ein Rechtsbuch, welches auf dem Magdeburg-Breslauer systematischen Schöffenrecht, Magdeburger Schöffensprüchen und dem Schwabenspiegel beruht. Unter der Bezeichnung '*der Alte Kulm*' fand es im Deutschordensland, in Polen und in der Ukraine große Verbreitung. In vielen Handschriften wurden Bestimmungen aus den sächsischen Rechtsbüchern hinzugefügt. Wahrscheinlich in Thorn kam es zwischen 1386 und 1402 zur Aufzeichnung eines Rechtsbuches mit dem Titel '*Magdeburger Fragen*', das auf dem '*Alten Kulm*' sowie Krakauer und Thorner Quellen beruht. Ebenfalls in Toruń/Thorn verfaßte der Stadtschreiber Walter Ekhardi zwischen 1400 und 1402 auf Grundlage verschiedener Bücher des Magdeburger Rechts und des Sachsenspiegels eine neue systematische Sammlung, die den Namen '*Neun Bücher des Magdeburger Rechts*' erhielt.

In Litauen sind u. a. Wilna/Vilnius (1387), Brest-Litowsk (1390), Kowno/Kaunas (1391?) und Grodno (1391) als Städte Magdeburger Rechts bezeugt. Von hier aus gelangte Magdeburger Recht nach Weißrußland, wo es insbesondere die Verfassung der Stadt Minsk (1499) prägte.

Völlig neue Möglichkeiten der Verbreitung von Rechtsquellen hatten sich mit der Erfindung des Buchdrucks eröffnet. Schon 1506 wurde von Jan Łaski in Kraków/Krakau eine lateinische Fassung des Sachsenspiegels und des Magdeburger Weichbildes neben heimischen Rechtsquellen publiziert. Der Krakauer Stadtschreiber Nikolaus Jaskier gab 1535 lateinische Ausgaben des glossierten Sachsenspiegels und des glossierten Weichbildes heraus. Schließlich folgten 1581 eine polnische Übersetzung des Weichbildes durch den Lemberger Syndikus Pawel Szczerbicz und die Ausgabe eines Sachsenspiegels in alphabetischer Ordnung. Im Jahre 1558 publizierte der hervorragende polnische Rechtsgelehrte Bartholomäus Groicki die '*Artykuły prawa majdeburskiego, ktore zowia Speculum Saxonum*' (= Artikel des Magdeburger Rechts, welche man Speculum Saxonum nennt). Aus der Feder desselben Autors stammt die Rechtssammlung '*Porządek sądów i spraw miejskich prawa majdeburskiego w Koronie Polskiej*' (=Stadtgerichts- und Prozeßordnung des Magdeburger

Rechts im Kronland Polen), die später in der Slowakei, vor allem aber in der Ukraine eine Rolle spielte. Von herausragender Bedeutung war die Privilegierung der Stadt Lwów/Lemberg 1356 und der Stadt Kiew um 1497 mit Magdeburger Recht. Hunderte von Privilegien folgten. Neben den Stadtprivilegien auf Magdeburger Recht bilden in der Ukraine die sog. '*Sammlungen des Magdeburger Rechts*' eine wichtige Quellengruppe. Mit der Privilegierung Kiews erreichte das sächsisch-magdeburgische Recht am Dnjepr in etwa die östliche Grenze seines Verbreitungsgebietes. Von herausragender Bedeutung war hier der umfassende Kodifikationsentwurf für die Ukraine von 1743 '*Prawa po kotorym suditsja malorossijskij narod*', welcher sich stark an die sächsisch-magdeburgischen Rechtsquellen anlehnt.

Am längsten hielt sich das sächsisch-magdeburgische Recht offenbar in der Ukraine. Seine Geltung verlor es hier erst mit der Inkraftsetzung der großrussischen Gesetzessammlung '*Swod sakonow Rossijskoj Imperij*' (Gesetzessammlung des Russischen Kaiserreiches)' im Jahre 1840 (für die linksufrige Ukraine) bzw. 1842 (für die rechtsufrige Ukraine). In Wirklichkeit war dem jedoch schon im 18. Jahrhundert eine starke Russifizierung des ukrainischen Rechts vorausgegangen.

Die Bedeutung des sächsisch-magdeburgischen Rechts für die Ukraine kommt noch heute in der ukrainischen Metropole Kiew sichtbar zum Ausdruck. Hier steht am Ufer des Dnjepr seit 1802 ein Denkmal, das an die Zugehörigkeit Kiews zur Magdeburger Stadtrechtsfamilie erinnert und vom Stolz der Kiewer Bürger auf ihre alten Privilegien kündet.

Auf die Verbreitung des sächsisch-magdeburgischen Rechts in Böhmen, Mähren, der Slowakei, Ungarn und im Baltikum kann hier aus Zeitgründen nicht näher eingegangen werden. Auch die interessante Frage, warum es in Rußland nicht zu einer solchen Rezeption des Magdeburger Rechts kam, muß hier offen bleiben. Jüngste Forschungen von Alexander Rogatschewski aus St. Petersburg haben aber gezeigt, daß diese Aussage zumindest für die russischen Westprovinzen zu relativieren ist.

4. Schluß

Der Sachsenspiegel ist heute nicht mehr geltendes Recht – weder in Deutschland noch anderswo. Doch ist er im Kerngebiet seines Geltungsbereiches erst im Laufe des 18. und 19. Jahrhunderts außer Kraft getreten. Im Königreich Preußen wurde er mit dem Inkrafttreten des preußischen *Allgemeinen Landrechts* 1794 und im Königreich Sachsen durch das *Sächsische Bürgerliche Gesetzbuch* von 1863 verdrängt. In Anhalt und Thüringen galten einige seiner Bestimmungen noch bis zum Inkrafttreten des jetzt geltenden *Bürgerlichen Gesetzbuches für das Deutsche Reich* im Jahre 1900. Seine Lebendigkeit vom Zeitpunkt der Aufzeichnung zwischen 1220 und 1235 bis hin zu jener Reichsgerichtsentscheidung von 1932, die auf ihn Bezug nimmt, umfaßt nicht weniger als sieben Jahrhunderte. Eine solche zeitliche wie räumliche Dimension ist bislang nie wieder von einem deutschen Rechtstext erreicht worden. Auf neuere Forschungen, welche das Selbstverständnis des Sachsenspiegels als 'Kaiserrecht' wieder stärker betonen, sei hier abschließend hingewiesen.

EIKES KAUM BEKANNTE KOLLEGEN DIE SPRECHER DER NORDWESTEUROPÄISCHEN GERICHTSHÖFEN

von

DIRK HEIRBAUT

1. Viel Gewohnheitsrecht ist Rechtssprechung

Wenn die Leute sich heutzutage über Jura unterhalten, dann findet jeder es normal, auch Anwälte, Richter und andere Rechtspraktiker als wichtige juristische Akteure einzustufen. In der Rechtsgeschichte ist dies nicht immer der Fall gewesen. In den Handbüchern findet man dauernd den Namen wichtiger Professoren oder berühmter Gesetzgeber. Die Namen der Rechtspraktiker findet man jedoch kaum, eben für das Gewohnheitsrecht. Die klassische Definition des Gewohnheitsrechts lautet: ein Recht dass vom Volke gemacht worden ist, wobei das Volk eine anonyme Gruppe ist die wir nicht weiter erforschen können, aber 'Das' Volk gibt es nun einmal nicht. Es sind Einzelpersonen, die das Recht gestalten. Im Falle des Gewohnheitsrechts sollten wir beachten, dass viele gewohnheitsrechtliche Regeln ursprünglich als Gesetzesregeln entstanden sind. Zwei historische Entwicklungen wären dann möglich gewesen:

1° Das Gesetz hat kaum Erfolg und wird ganz schnell vergessen.
2° Das Gesetz wird tatsächlich angewandt, aber man vergisst schnell, dass die Regel als Gesetz entstanden ist. Die Bevölkerung erfährt die Regel als eine Gewohnheit.

Die meisten Gewohnheitsrechte sind jedoch nicht als ein Gesetz entstanden, sondern sind der Rechtssprechung entnommen worden.

2. Die wichtigsten Gestalter des Gewohnheitsrechts sind die unbekannten Sprecher

Die Mehrzahl der gewohnheitsrechtlichen Regeln ist eigentlich der Rechtssprechung entnommen worden. Die Richter sind also die eigentlichen Schöpfer des Gewohnheitsrechts. Dies führt dazu, dass wir die eigentlich entscheidenden Personen nicht kennen. Bei der mittelalterlichen Rechtssprechung gab es in den meisten Fällen keinen Einzelrichter, sondern immer eine Gruppe von Richtern. Es ist logisch, dass innerhalb dieser Gruppe nicht jeder Richter gleich wichtig oder einflußreich war. Mit Sicherheit haben bestimmte Schöffen oder Lehnsmänner die Entscheidung weit mehr beeinflußt als andere. Einige Richter sind also Schlüsselfiguren, andere kaum mehr als Mitläufer. Man merkt dies deutlich bei einer näheren Analyse des täglichen Ablaufs eines flämischen gewohnheitsrechtlichen Prozesses um 1300. Man findet in

Flandern bei jedem Gerichtshof einerseits einen Vorsitzenden: der Herr oder sein Stellvertreter (dies kann der Graf, ein Herr oder dessen Statthalter – in Flandern fast immer 'Bailliu' (deutsch: Vogt) genannt – sein); andererseits gibt es die Richter, entweder Schöffen bei einem Schöffengericht oder Lehnsmänner bei einem Lehnsgericht. Der Vorsitzende sprach kein Recht. Er war nur da, um die Schöffen oder die Lehnsmänner aufzufordern ('mahnen'), Recht zu sprechen. Daher nennt man ihn auch den 'Mahner'. In der Praxis führt dies zu einer Art von Frage-Antwort-Spiel. Zum Beispiel:

> Der Vorsitzende: Ist die Sonne schon aufgegangen?
> Die Richter: Ja, die Sonne ist aufgegangen.

Diese war eine einfache Frage zu Beginn der Sitzung. Ein Gerichtshof konnte nur tagsüber, also nach dem Sonnenaufgang, rechtskräftig tagen. Diese Frage war eine Standardfrage, da sie bei jeder Sitzung gestellt werden mußte, so dass die Antwort keine Schwierigkeiten bot. Die meisten Fragen waren schon komplizierter und die Richter konnten deshalb nicht unmittelbar antworten. Bei einer Direktantwort wäre es möglich gewesen, dass einige Richter positiv und einige negativ geantwortet hätten und wieder andere geschwiegen hätten. Dies hätte zum richterlichen Chaos geführt. Deshalb hatte sich bei den Gerichtshöfen eine praktische Lösung entwickelt. Jede Frage wurde zuerst vom Sprecher des Gerichtshofes beantwortet und alle andere Richter schlossen sich nachher seiner Meinung an. In einem flämischen Text lautet es: '*Se rendy che jugement, Jehan de le Heye, chevaliers, et l'ensïuy...*' Man kann dieses System mit dem heutigen Geschworenengericht vergleichen. Der Vorsitzende der Jury spricht im Namen aller Geschworenen. Die Tatsache, dass alle anderen Richter sich ihrem Sprecher anschlossen, war nur möglich, weil die Richter sich zuvor separat beraten hatten. Während der Beratung hatte der Richter, der das Thema am besten kannte, das Wort und setzte seine Meinung durch. Nachher war er auch der Sprecher bei dem einschlägigen Fall. Er ist dadurch letztendlich der intellektuelle Verfasser des Urteils. Man kann also mit Sicherheit sagen, dass die Sprecher das Gewohnheitsrecht zu Stande brachten.

Für die Rechtsgeschichte ist es bedauerlich, dass wir diese Sprecher normalerweise nicht namentlich kennen. Die Quellen erwähnen nur eine Liste von Richtern, so dass wir nicht wissen, wer als Sprecher aufgetreten ist. Der Sprecher scheint in der Anonymität zu verschwinden. In Folge dessen kennen wir leider nur wenige Gewohnheitsrechtsspezialisten wie Eike von Repgow oder seinen französischen Kollegen Philippe de Beaumanoir mit Namen. Für das gleiche Zeitalter kann man dagegen hunderte von Professoren oder Spezialisten des gelehrten Rechtes auflisten. Die rechtshistorischen Folgen sind klar. Das gelehrte Recht hat die große, bekannte Namen, erhält das Interesse der Fachpresse und ist sozusagen die Bundesliga. Das Gewohnheitsrecht muss ohne wirkliche Stars auskommen, erscheint weniger in der Fachpresse und droht in der Anonymität der Kreisliga zu versinken.

3. In einigen Quellen werden die Sprecher erwähnt: die 'Lois de Lille' und die 'Loy de Cassel'

Es gibt einige mittelalterliche flämische Quellen, in denen wir die Sprecher namentlich finden. Das oben erwähnte Beispiel *'Se rendy che jugement, Jehan de le Heye, chevaliers, et l'ensïuy...'* und einige andere aus der gleichen Quelle sind oft vernachlässigt worden, weil diese Quelle nicht geordnet und eher schwierig zugänglich ist. Es handelt sich um die 'Lois des pers dou castel de Lille'. Dieser Text enthält das Gewohnheitsrecht des Liller Kastellaneilehnshofes, eines Gerichtshofs in der ehemaligen Grafschaft Flandern. Die Grafschaft Flandern lag zum Teil im Königreich Frankreich (Kronflandern) und zum Teil im Heiligen Römischen Reich (Reichsflandern) und war in mehrere Kastellaneien aufgeteilt. Die französischsprachige Kastellanei Lille in Kronflandern war eine davon und im Kastellaneihauptsitz Lille gab es einen gräflichen Kastellaneigerichtshof. Vorsitzender dieses Gerichts war der gräfliche Bailliu, Richter dieses Gerichts waren die gräflichen Vasallen der Kastellanei Lille. Dieser Kastellaneilehnshof beschäftigte sich nicht nur mit Lehnssachen, sondern hatte auch wichtige strafrechtliche und zivilrechtliche Befugnisse. Der Liller Lehnshof war auch das wichtigste Strafgericht in der Kastellanei Lille und in Zivilsachen waren, mit Ausnahme des städtischen Schöffengerichts, alle Lokalgerichte dazu verpflichtet, sich beim Kastellaneilehnshof Rat zu holen, wenn sie die Sache nicht selbst lösen konnten. In der flämischen rechtshistorischen Befugnispyramide befindet sich der Liller Lehnshof also auf der mittleren Ebene, zwischen den Lokalgerichten und dem gräflichen Zentralgericht. Der Kastellaneilehnshof war in der ganzen Kastellanei, aber keineswegs in der ganzen Grafschaft befugt. Desweiteren sei darauf hingewiesen, dass die Liller Region um 1300 sehr stark besiedelt war. Die Stadt Lille war damals fast so groß wie Köln oder London. Nördlich der Alpen sind nur Städte wie Paris, Prag, Gent oder Brügge bedeutend größer gewesen. Die *Lois de Lille* enthält also das Gewohnheitsrecht dieser wichtigen Region.

Der Text der 'Lois' bleibt jedoch sehr unübersichtlich. Zum Einen verfügen wir nur über einige Handschriften des 16. Jahrhunderts. Diese Handschriften stammen jedoch nicht alle vom gleichen Original ab. Es muss mehrere Originale gegeben haben, die alle zu einem anderen Zeitpunkt und auf eine andere Art und Weise entstanden sind. Es gibt heutzutage kein einziges Manuskript, von dem man sagen kann, es weiche am wenigsten vom Originaltext ab. Ein bestimmtes Manuskript kann zum Beispiel einen gewissen Casus enthalten, den wir in keiner anderen Handschrift finden. Oder Handschrift A enthält das ganze Gerichtsverfahren eines Prozesses, jedoch ohne das Urteil. Das Urteil findet man hingegen erstaunlicherweise in einem anderen Manuskript, dort ohne das Verfahren. Es gibt Beispiele, bei denen wir in Handschrift A sowohl das Urteil als auch die Rechtsregel finden, jedoch in Manuskript C nur die Rechtsregel. Manchmal ist der Fall in Manuskript A datiert, in Manuskript D aber undatiert geblieben. Es ist möglich, dass alle Handschriften das gleiche Urteil enthalten, jedoch alle mit einem anderen Datum. Eine einheitliche Linie scheint es also nicht zu geben. Wegen des wenig stringenten Aufbaus haben die meisten Rechtshistoriker den Text nicht beachtet.

Eindeutig ist, dass der Text vier chronologische Abschnitte enthält. Der älteste Abschnitt befasst sich mit den Jahren 1283 bis 1308/1314. Besonders dieser Abschnitt ist sehr wichtig, weil er viele Informationen enthält, die wir kaum in einer anderen Quelle finden. So werden dort die Namen mehrerer Liller Sprecher genannt:

- Pasquier Li Borgne wird 14 mal als Sprecher erwähnt
- Robert Brunel 12 mal
- Pierre de Sainghin 7 mal
- Jean de le Haie 3 mal
- Giles de Linsselles 3 mal
- Wautier de Douai 2 mal
- Wautier de Reninges 1 mal
- Pierre de le Més 1 mal.

Wir verfügen über eine weitere wichtige Quelle aus dem gleichen Zeitalter. Die *Loy et jugemens des hommes de la baillie de Cassel* beschreibt das Gewohnheitsrecht des Casseler Kastellaneilehnshofes. Die Kastellanei Cassel lag westlich von Lille, hatte einen mehr ländlichen Charakter und ist daher nicht so dicht besiedelt gewesen. Die *Loy de Cassel* erwähnt einen Sprecher, Philippe d'Ypres: '*Et ce droit et cheste raison apporta et trouva messires Philippes d'Yppre*'. Insgesamt kennen wir also die Namen von neun Sprechern.

4. Die prosopographische Untersuchung

Die Namen an sich sagen sehr wenig aus, aber diese Namen bilden den Ausgangspunkt, um eventuell mehr über die juristische Karriere dieser neun Personen zu erfahren. Insbesondere interessiert es uns, ob wir bei den einzelnen Sprechern Ähnlichkeiten finden. Wie diese Untersuchung geführt worden ist, werde ich hier nicht erläutern. Ich werde nur meine Ergebnisse behandeln. Über Pierre de le Més habe ich kaum etwas Zusätzliches gefunden. Die Vermutung liegt nahe, dass er jung gestorben ist. Bei den anderen Sprechern finden wir folgende Ähnlichkeiten vor:

- Sie sind oft als Berater für andere Richter, für Gerichtsmitarbeiter, für Privatpersonen, oder sogar für den flämischen Grafen tätig. Diese acht Sprecher haben also einen juristischen Expertenruf.
- Sie fungieren auch als Vorsitzende anderer Gerichtshöfe, entweder als Herr (sechs von ihnen) oder als Bailliu einer Lokalherrschaft (ebenfalls sechs von ihnen)
- Alle acht sind als Richter bei anderen Gerichtshöfen tätig: drei sind Mitglieder des gräflichen Hofgerichts, drei sind Mitglieder eines anderen Kastellaneilehnshofes und fünf sind Mitglieder eines Lokalgerichthofes.

Fazit: der Sprecher eines Gerichtshofes ist ein polyvalenter Jurist. Er ist juristischer Berater, Vorsitzender und Richter bei verschiedenen Gerichtsinstanzen.

5. Aus der prosopografischen Studie gehen persönliche Vernetzungen hervor

Wir haben festgestellt, dass die Sprecher ganz klar talentierte Gewohnheitsrechtsexperten sind. Noch wichtiger hingegen ist die Tatsache, dass diese Leute professionell vernetzt sind. Auch außerhalb des Liller Kastellaneilehnshofes arbeiten sie zusammen. Ein gutes Beispiel ist die Zusammenarbeit der Liller Lehnsmänner beim gräflichen Hofgericht. Sie werden dort in der gleichen Reihenfolge wie in der Liller Quelle erwähnt. Diese persönliche Vernetzung führt zu zwei weiteren Ergebnissen:

1. Es macht keinen Sinn, im Mittelalter Richter, Baillius oder andere juristische Experten einzeln oder als separate Gruppe zu erforschen. Man muss diese Personen als eine Gesamtgruppe von Rechtsexperten betrachten. Die vielen Studien bezüglich der flämischen Baillius haben dies leider stark missachtet. Meistens werden nur die ältesten Baillius namentlich erwähnt und die Verfasser dieser Studien stellen lediglich fest, dass diese Baillius oft dem niederen Adel angehören oder jüngeren Söhne einer adligen Familie sind. Sie beantworten keineswegs die Frage, warum genau diese Person es zum Bailliu geschafft hat. Die Antwort ist jedoch sonnenklar. Die in der gewohnheitsrechtlichen Praxis als Bailliu, als Sprecher oder als juristischer Berater gesammelten juristischen Kenntnisse führen oft zu einer Anstellung als gräflicher Bailliu.
2. Haben wir die persönliche Vernetzung entdeckt, dann brauchen wir nicht weiter nach einzelnen anderen Sprechern zu suchen, sondern wir sollten uns auf den Bekanntenkreis dieser Sprecher konzentrieren. Ein Beispiel aus dem Jahre 1295: Bei der Gefangennahme des flämischen Grafen durch den französischen König baten fünf Flamen den König schriftlich, den Grafen freizulassen. Zwei von ihnen sind schon als Sprecher identifiziert. Wir können vermuten, dass auch die drei anderen Sprecher waren. Dies wird durch die *Loy de Cassel* und andere Quellen bestätigt.

Die Ergebnisse bezüglich der persönlichen Vernetzung führen uns noch weiter. Die Sprecher waren bei mehreren Gerichtshöfen tätig, gehörten also unterschiedlichen Vernetzungen an. Es ist also möglich, verschiedenen persönlichen Vernetzungen auf die Spur zu kommen. Es geht jedoch noch weiter. Diese persönlichen Vernetzungen spielen eine wichtige Rolle, um die verschiedenen Rechtsräume innerhalb der Grafschaft Flandern oder die Verbindungen mit der Grafschaft Artois zu bestimmen. Man hat festgestellt, dass es klare Unterschiede zwischen den einzelnen Kastellaneien oder Regionen gibt. So hat zum Beispiel Meijers das westflämische und das ostflämische Erbrecht klar unterschieden. Aber warum gab es solche geographischen Unterschiede? Eine bisher nie ins Spiel gebrachte Erklärung wäre die Rolle der Sprecher. So bekommt bei der Vererbung der Lehen in Artois, Douai, Cassel und Lille der älteste Sohn 4/5 des Lehens. Die jüngeren Kinder bekommen 1/5. Zuerst fallen, mit Ausnahme ihrer Nachbarschaft, kaum Gemeinsamkeiten zwischen den erwähnten Orten auf. Wir stellen jedoch fest, dass Robert Brunel und Wautier de Douai sowohl Herren in Artois als auch Sprecher in Lille gewesen sind. Robert Brunel und Wautier de

Reninghe waren in Cassel und Lille tätig. Pierre de Sainghin und Wautier de Douai finden wir als Gewohnheitsrechtsexperten in Lille und Douai. Die Sprecher vernetzen die erwähnten Einzelregionen. Wir können sogar beweisen, dass Robert Brunel für die Verbreitung der 4/5-1/5-Regel von Artois nach Lille verantwortlich war. Auf Grund dieses Beispiels kann man sagen, dass Rechtsregeln sich wie ein Computervirus von der einen Region zu einer anderen Region verbreiteten und dass die Sprecher dabei die Virusträger waren. Eine Studie der Sprecher lehrt uns nicht nur viel über die Gestalter des Gewohnheitsrechts, sondern auch über dessen Verbreitung.

6. Die Ritter innerhalb einer persönlichen juristischen Vernetzung

Innerhalb jeder Gruppe gibt es Untergruppen. Bei den Sprechern gibt es einerseits die Ritter und andererseits die Übrigen. Ein Ritter wurde fast automatisch Sprecher, dagegen brauchte ein Nichtadliger immer die Unterstützung des Vorsitzenden, um die Rolle des Sprechers zu ergattern. Im juristischen Bereich arbeiten beide Gruppen durchaus gut zusammen, aber im sozialen Bereich ist dies nicht der Fall, da beide Gruppen einer anderen sozialen Klasse angehören. Dies hat Konsequenzen für die von uns verwendeten Quellen. Die von uns verwendeten Texte stützen sich auf Kurznotizen, die die Sprecher oder potentielle Sprecher während des Prozesses anfertigten. Diese Notizen wurden auf kleinen Pergamentzettelchen geschrieben. Die Sprecher verwahrten diese Zettelchen in Säcken. Ein solcher Sack war also das juristische Dokumentationszentrum jedes einzelnen Gewohnheitsrechtsexperten. Durch das Austauschen der Säcke konnte man einfach juristische Kenntnisse weitergeben. Es ist interessant, dass die Ritter schon Anfang des 14. Jahrhunderts ihre Säcke ausgetauscht haben. Die bürgerlichen Sprecher haben erst viel später ihre Information ausgetauscht. Die Ritter verfügten also über mehrere und umfangreichere persönliche Vernetzungen und bilden deshalb das interessanteste Studienobjekt.

7. Eine neue Analyse der namentlich erwähnten Richter in den vorhandenen Urkunden

Diesen Unterschied zwischen den Rittern und den Nichtadligen finden wir auch in den urkundlichen Zeugenlisten oder in den übergelieferten Listen von Mitgliedern eines Gerichtshofes. Immer werden die Ritter zuerst erwähnt. Diese Quellen bringen noch andere Ergebnisse hervor. Der Sprecher spricht zuerst und dann folgen die anderen Richter. Auch in den Urkunden des Liller Lehnshofes steht der Sprecher an erster Stelle. Ein Brauch, den wir auch in den Urkunden anderer Kastellaneilehnshöfe oder Lokalgerichte finden. Der Sprecher nimmt stets die erste Position ein. Dies ist so evident, dass wir uns wundern, warum bisher niemand zu diesem Ergebnis gekommen ist. Infolgedessen ist es ganz einfach, den Fürsprecher zu finden. Der in einer Urkunde zuerst erwähnte Richter oder Zeuge ist der Sprecher. Um sicher zu gehen, müsste man jedoch diese Tatsache noch einmal anhand anderer Quellen überprüfen. Ich habe bei meinen Überprüfungen für Lille um 1300 jedoch bisher keine einzige Ausnahme gefunden.

Juristische Kenntnisse waren auch für die weitere Reihenfolge entscheidend. Die an zweiter oder dritter Stelle erwähnten Personen sind manchmal auch Personen mit guten Gewohnheitsrechtskenntnissen oder Personen, die in anderen Quellen als Sprecher erwähnt wurden. Es gibt Urkunden, in denen zwei unserer Liller Sprecher erwähnt werden. Der erste ist im diesen Fall der Sprecher und sein Kollege steht – in diesem Fall ist er also kein Sprecher – trotzdem an zweiter Stelle. Finden wir zwei unserer Sprecher an erster und dritter Stelle, dann steht nahezu unverkennbar fest, dass auch die Person an zweiter Stelle ein potenzieller Sprecher ist. Wir konnten dies übrigens in einigen Fällen tatsächlich beweisen. Auch wenn man nur eine Person oder einige Personen einer ganzen Gruppe erwähnt, handelt es sich meistens um die Sprecher und die anderen Gewohnheitsrechtsexperten.

8. Die anzuwendende Methode bei der Suche nach den Sprechern

Man kann alle oben erwähnten Techniken gemeinsam anwenden. Falls jemand sein ganzes Leben als juristischer Gutachter, als Richter oder als Vorsitzender eines Gerichtes tätig war, zu einer persönlichen Vernetzung dieser Personen gehörte und in den Urkunden oder in den anderen juristischen Quellen an erster Stelle steht, dann kann man diese Person als Sprecher einstufen. Es wäre letztendlich möglich, eine Liste der mittelalterlichen flämischen Sprecher anzufertigen, aber dieses Vorhaben steht zur Zeit erst am Anfang.

9. Sprecher nur in Flandern und nur um 1300?

Es wäre durchaus möglich gewesen, dass es nur in Flandern und nur um 1300 Sprecher gegeben hat. Dies ist jedoch nicht der Fall. Wir können auch andererorts und schon lange vor 1300 Sprecher finden:

a. Sprecher hat es in Flandern schon lange vor 1300 gegeben. Wir finden sie jedoch selten in den Urkunden erwähnt. Es gibt nur diese zwei wichtigen Beispiele.
   1122: Karl der Gute, Graf von Flandern: '*Domini, obtestor vos per fidem quam michi debetis, ite in partem et judicio irrefragabili decernite, quid Ingelberto, quid monachis conveniat responderi. Qui euntes communicato consilio redeuntes, per Robertum advocatum responderunt...*'
   1148: Sybilla von Anjou, Ehefrau Dietrichs von Elzass, Graf von Flandern: '*adiuratis baronibus meis... precepi ut quid abbatie et ecclesie, quid Helvino facere deberem studiosissime iudicarent. Communicatio itaque consilio omnes unanimiter per Anselmum de Husdenio nobilem virum et dapiferum nostrum iudicaverunt...*'
b. Es gibt ebenfalls Sprecher außerhalb Flanderns. Es folgt zuerst ein Beispiel aus der östlich von Flandern gelegenen Grafschaft Hennegau. In einer gräflichen Urkunde (1281) kann man lesen: '*par le jugement de mes hommes, c'est à savoir monsigneur Rasson de Gavre, signeur de Liedekierke, sour cui li jugement fi tornés, et l'en sivirent notre autre homme ki i furent...*' Und noch ein Biespiel aus der Curia des Königs Heinrich VI. (1190): '*dominus rex super hoc sententiam a comite Flan-*

drensi requisivit. Qui per sententiam dixit, et inde principes habet sequaces, quod...' Weiterhin gibt es noch etliche Beispiele für Deutschland und auch in englischen Quellen werden Sprecher erwähnt.

Sprecher gibt es also überall im mittelalterlichen Westeuropa. Es müssen jedoch einige chronologische und geographische Unterschiede beachtet werden. Die flämischen Sprecher der ersten Hälfte des 12. Jahrhunderts gehören ganz klar den sozialen Oberschichten an, die Sprecher um 1300 jedoch meistens nicht. Der Grund ist klar: Im 12. Jahrhundert gab es noch keine Baillius. Die Herren waren selbst als Vorsitzende in ihren Gerichtshöfen tätig. Sie verfügten über genügend gewohnheitsrechtliche Praxis, um in anderen Gerichten als Sprecher auftreten zu können. Um 1300 hat fast jeder Herr einen Bailliu, braucht also selbst nicht mehr bei den Gerichtssitzungen anwesend zu sein. Infolgedessen verliert er aber auch die notwendigen juristischen Kenntnisse, um anderswo als Sprecher tätig zu sein.

Es gibt auch geographische Unterschiede. In Flandern zum Beispiel steht der Sprecher in den Urkunden an erster Stelle. In Deutschland dagegen war es nicht immer so. In jenen Fällen, in denen der Sprecher doch an erster Stelle steht, kann dies durch seinen Status (z.B. wann der Erzbischof von Mainz Sprecher ist) erklärt werden. Trotz dieser Unterschiede sollte inzwischen deutlich geworden sein, dass es auch in Deutschland Sprecher gab und dass Eike gerade zu dieser Gruppe der Sprecher nicht nur Kontakte hatte, sondern zu dieser Gruppe gehörte.

10. Fazit

Aus folgenden Gründen ist eine genauere Studie der Sprecher in Westeuropa absolut notwendig:

1. Die Personen, die das Gewohnheitsrecht gestaltet haben, bekommen endlich ein Gesicht.
2. Nur wenn wir die Sprecher gründlich erforschen, können wir auch alle anderen juristisch tätigen Personen genau verstehen: Richter, Baillius, Herren etc. Sie alle gehören zu einem Personenkreis so dass man den ganzen Kreis und nicht nur die Baillius ins Blickfeld nehmen sollte.
3. Dies gilt auch für die wichtigen Figuren wie Eike von Repgow. Er sollte nicht als Einzelperson erforscht und die Forschung nicht auf seine Kontakte zum gelehrten Recht beschränkt werden. Dennoch muss seine Zugehörigkeit zum Netwerk der Sprecher im Auge behalten werden.
4. Die Sprecher sind keineswegs kreativ. Sie übernehmen die Lösungen anderer Gerichtshöfe, an denen sie schon einmal tätig waren. Die Verbreitung des Gewohnheitsrechts kann also nur verstanden werden, wenn man auch die Rolle der Sprecher kennt.

Wir sollten ehrlich zugeben, dass wir bis heute das mittelalterliche Gewohnsheitsrecht kaum verstanden haben, weil wir die Rolle der Sprecher kaum bemerkt haben. Die Erforschung der Sprecher könnte zu ganz neuen Ergebnissen führen. Der englische Rechtshistoriker John Baker hat zum Beispiel die ersten 'law reports' – Notizen über gerichtlichen Vorgänge – erforscht. Seiner Meinung nach gab es solche Notizen in England schon in den fünfziger Jahren des 13. Jahrhunderts, auf dem Kontinent jedoch erst im späten 14. Jahrhundert. Unter dem Einfluss des gelehrten Rechts fand diese Ausbreitung zuerst im Süden und bei den höchsten Gerichten statt. Wir stellen jedoch fest, dass schon die *Loy de Cassel* um 1276, also nicht so viel später als in England, solche Notizen enthält. Ferner war der Casseler Lehnshof durchaus kein höchstes Gericht, liegt Cassel keineswegs im Süden und war das gelehrte Recht in dieser Region damals unbekannt. Es ist an der Zeit, alle mittelalterlichen Rechtstexte, auch den Sachsenspiegel, erneut unter die Lupe zu nehmen und die Rolle der Sprecher mit einzubeziehen.

Literatur:

- über die *Lois des pers dou castel de Lille*, siehe 'The oldest part of the *Lois des pers dou castel de Lille* (1283-1308/1314) and the infancy of law reporting on the continent', *Tijdschrift voor rechtsgeschiedenis*, 2007, 139-152.
- über die Sprecher in Lille und Cassel um 1300, siehe 'Who were the makers of customary law in medieval Europe? Some answers based on sources about the spokesmen of Flemish feudal courts', *Tijdschrift voor rechtsgeschiedenis*, 2007, 257-274.
- über die Prosopografie und die Methode, mehr Sprecher zu finden, siehe 'Une méthode pour identifier les porte-paroles des jurisdictions de droit coutumier en Europe du Nord au Haut Moyen-Age, basée sur une prosopographie des porte-paroles de Cassel et Lille autour de 1300', in: V. Bernaudeau, J.-P. Nandrin, B. Rochet, X. Rousseaux und A. Tixhon (eds.), *Les praticiens du droit du Moyen Âge à l'époque contemporaine. Approches prosopographiques (Belgique, Canada, France, Italie, Prusse)*, Rennes, 2008, 25-43.
- über die Sprecher vor 1300 oder außerhalb Flanderns und auch den Vergleich mit englischen Quellen, siehe 'The precursors of the earliest law reports on the continent as sources about the spokesmen, the forgotten experts of customary law' (Vorläufige Version: law.harvard.edu/programs/ames_foundation/BLHC07/Heirbaut%20oxford2007tekvoo.pdf)

DER SPIEGEL VIELER INTERESSEN

von

ALAIN WIJFFELS

Der Ausdruck 'Rechtsquelle' entspricht einer juristischen Abstraktion. Nach Jahren Studiums und Praxis mag der Jurist wohl dermaßen mit dem Begriff im seinem Alltagsgeschäft vertraut sein, daß er den Rechtsquellen selbst als evidenten Instrumenten seiner Arbeitsrealität, sei es auch teilweise unbewusst, fast einen gewissen Realitätsgehalt zuspricht. Sein meta-juristischer Reflex – wozu der rechtshistorische Unterricht hoffentlich dauerhaft beigetragen hat – sollte ihn jedoch immer davor warnen, diese Realitätsvorstellung der 'Gesetzgebung', der 'Rechtsprechung' oder der 'Rechtsdoktrin' allzu ernsthaft zu nehmen, denn in jedem Fall entspricht jede Quelle vor allem einem normierenden Vorgehen eines (oder mehrerer) sozialen und politischen Akteurs. Fast jede Gesellschaft weist eine Vielfalt von solchen Akteuren auf, die je eigene Interessen vertreten, und folglich einer entsprechenden Diversifikation von Rechtsquellen innerhalb des Rechtssystems Gestalt geben. Dabei drückt jede sog. Rechtsquelle selbst gewißermaßen eine Konkurrenz von Akteuren, wenn auch nicht unbedingt von Interessen aus, und jede Rechtsquelle ist deshalb als eine Mischung unterschiedlicher (politischer, bez. professioneller) Aktionen zu betrachten. Ein bekanntes Beispiel aus der Rechtsgeschichte ist die Rolle der gelehrten Juristen in der Rechtssetzung (geg. Gesetzgebung) der Fürsten im Mittelalter und in der Neuzeit. Unter gewissen Umständen konnten auch unterschiedliche Rollen von derselben Person ausgeübt werden, wie im Fall des gelehrten Juristen, der als Richter im Modell des römisch-kanonischen Verfahrens fungierte. Umgekehrt kann der Satz, der die Rechtsquelle bezeichnet, als das Ergebnis verschiedener und unterschiedlicher Akteure vorgestellt werden. Auch davon bietet die Rechtsgeschichte viele Beispiele: der ursprüngliche Titel des französischen Zivilgesetzbuches von 1804 '*Code civil des Français*' war, zumindest ideologisch, der Ausdruck eines Volks- oder Nationalrechts, während die drei Jahre später offiziell eingeführte Bezeichnung als '*Code Napoléon*' dasselbe Gesetzbuch eher als Produkt eines Fürstenrechts (wie z.B. der sog. '*Code Louis*' von 1667) darstellte. Auch das deutsche BGB ist durch eine gewisse Mehrdeutigkeit gekennzeichnet, denn einerseits war es formell die Schöpfung des konstitutionellen Parlamentarismus, andererseits war es der Pandektenwissenschaft, und mithin dem 'Professorenrecht' viel schuldig – wie schon seit von Savigny gemäß einem Paradox der Historischen Schule bekannt, für welche der Volksgeist durch den akademischen Juristenstand strukturiert, systematisiert, konzeptualisiert und formuliert werden sollte.

Diese allgemeinen Bemerkungen leuchten freilich ein, wenn es sich um einer komplexen Quelle wie die Gesetzgebung handelt, sei es in einer sozial-wirtschaftlich und politisch entwickelten modernen Demokratie, in einem frühneuzeitlichem bürokratischen Fürstenstaat, oder eben um das Statutenrecht in einer spätmittelalterlichen Stadtgemeinschaft.

Aber auch die Gewohnheit, bez. das 'Gewohnheitsrecht', ist in ihrer Überlieferungsform meistens auch, direkt, oder indirekt, eine Mischform. Die bekannte Beschreibung des Gewohnheitsrechts von Clermont im Beauvaisis durch Philippe de Beaumanoir ist eine Illustration: seine Überlieferung im Werk des letzteren ermittelt die Gewohnheit einer territorial bestimmten Gemeinschaft, aber zugleich ist der überlieferte Text, die vorhandene 'Rechtsquelle', eine Bearbeitung durch eine Behörde des Königs, die dazu noch einige Materialen aus der gelehrten Rechtskultur einflocht. Eine Gewohnheit wird traditionell durch ihren territorialen (lokalen, bez. regionalen) Anwendungskreis, oder durch ihren personalen Anwendungskreis, oder auch durch ihren sachlichen Anwendungskreis bestimmt. Auch können mehrere Kriterien zugleich in Betracht kommen, z.B. im Fall der Kaufleute, wenn die Anwendbarkeit sowohl nach den Personen (Kaufleuten) als auch nach dem Gegenstand der Geschäfte (Handelsgeschäfte) bestimmt wird. Voraussetzung für die effektive Geltung einer Gewohnheit ist aber fast immer die relative Homogenität der betroffenen Gemeinschaft. Sie soll praktisch meistens 'überschaubar' sein, und für alle Mitglieder dieser Gemeinschaft unmittelbar 'erkennbar'. Trotz Beispiele angeblicher 'allgemeiner' Gewohnheiten, die sich auf einen Großraum erstrecken mögen, setzt die Gewohnheit meistens, wenn nicht immer, eine gewisse quantitative Beschränkung voraus – die Quantität kann die Gesamtfläche des Territoriums oder die Anzahl der Bevölkerung sein.

Im Mittelalter, sogar noch im Spätmittelalter, hat das Gewohnheitsrecht insgesamt sehr wenig Rechtsschrifttum im Sinne einer eigenen Doktrin hervorgebracht. Selbst die Grundrisse schaffen es, für das Mittelalter fast alle bekannte Werke ihres Rechtskreises (wie, in diesem Band, die Beiträge über die südlichen Niederlande) zu erwähnen. Die Beobachtung gilt übrigens auch für das mittelalterliche Statutenrecht. Demzufolge war der Einsatz des Gewohnheitsrechts (wie der *iura propria* im allgemeinen) in einer Rechtsanwendungslehre (u.a. einer Rechtsquellenlehre, einer Interpretationslehre, u.s.w.) meistens Aufgabe und Gegenstand des gelehrten Rechts. Dies gilt selbstverständlich für jene wissenschaftlich ausgearbeitete 'Lehren', aber z.T. läßt es sich schon bei der 'bloßen' Nieder- und Aufschreibung einer Gewohnheit nachprüfen, die im Mittelalter immer schon zugleich auch eine Art intellektueller Überarbeitung war, eben wenn es, wie im frühen Mittelalter, noch keine professionelle Juristen gab. Manches Handbuch bezeichnet die sog. 'falschen Kapitularien' oder 'pseudo-Dekretalien' einer ziemlich rechtspositivistischen Betrachtung gemäß als 'Fälschungen'. Von einem eher kulturgeschichtlichen Gesichtspunkt her bezeugen jene Texte aber eine Kreativität, die – abgesehen von den eigenen Beschränkungen der Zeit – den Vergleich mit der Kreativität der Doktrin in späteren Zeiten durchaus aushalten kann: man sieht nicht ein, warum solche Texte mehr oder weniger als 'Fälschungen' angeprangert werden sollen, während z.B. heutzutage ein Handbuch behaupten kann, sich mit 'europäischem Privatrecht' zu befassen! Auch in unserem Zeitalter haben Juristen und Ethnographen zugeben müssen, daß ihre wissenschaftliche Gedankenwelt und Methoden unvermeidlich ihre Bemühungen beeinflußte, die Gewohnheiten der 'primitiven' (wie man in der Kolonialzeit noch sagte) oder 'chtonischen' (wie es in unserer post-kolonialen Epoche heißt) Rechtssysteme unvoreingenommen aufzuzeichnen.

Dies trifft auch zu, wenn man den Sachsenspiegel näher betrachtet. Denn die uns überlieferte Fassung stellt nicht die Gewohnheit einer bestimmten Gemeinschaft dar, sondern bereits einen Komplex von Gewohnheitsrechten – wie es sich schon aus der Einteilung zwischen Landrecht und Lehnsrecht ergibt. In der späteren Überlieferung ist die Komplexität noch gewachsen, insbesondere mit der de facto Zufügung, anläßlich der Verbreitung des Textes, des Magdeburger Rechts, d.h. eines Stadtrechts, auch wenn letzteres nicht im Sachsenspiegel selbst eingegliedert wurde.

Auch im Teil des Landrechts selbst ist erkennbar, daß unterschiedliche Schichten der Bevölkerung in ein 'System' aufgenommen wurden. Das ist besonders deutlich in der (von H. Lück eingehend analysierten) Gerichtsverfassung, die, trotz der Abwesenheit eines Appellationsverfahrens, einer Gipfelhierarchisierung untergeordnet ist, obwohl in der Tradition des Partikularrechts im alten Recht im allgemeinen galt, daß fast jedem Partikularrecht oder Partikularstatut eine eigene Gerichtsbarkeit entsprach. Trotz der Gerichtsordnung tritt durch die Vielfalt der Jurisdiktionen, die im Sachsenspiegel erscheinen, auch eine Vielfalt der Rechtsstatus auf. Mit der Hierarchisierung der Gerichtsbarkeit unter der Obergewalt (wenigstens, für die weltlichen Gerichte) des Königs, kommt auch die verfassungsrechtliche mit der lehnsrechtlichten Spitzenposition des Königs, bez. des Kaisers, überein. Bei dieser Hierarchisierung hat man jedoch den Eindruck hierdurch sei eher ein politisches Programm als die Wiedergabe des herkömmlichen Gewohnheitsrechts, wenn auch öffentlich-rechtlichen Gewohnheitsrechts, ausgedrückt.

Allgemein fällt im Sachsenspiegel auch auf, daß die beschriebenen Rechtssätze den Eindruck geben, eine 'gemeinrechtliche' Geltung für die gesamte sächsische Gesellschaft zu haben, ohne innerhalb dieser territorial verstreuten Bevölkerung, mehr spezifische und unterschiedliche Partikularrechte anzudeuten. Nur teilweise spürt man unterschiedliche Rechtsanwendungen, besonders nach Standesdifferenzierung.

Abgesehen von der Frage, ob es nun wirklich eine lateinische Urfassung gegeben hat – die Argumente zugunsten der Existenz einer solchen Urfassung sind sicher nicht eindeutig –, zeigt der Sachsenspiegel deutlich die Merkmale einer doktrinären Bearbeitung. Diese rechtswissenschaftliche Weiterbearbeitung kommt freilich in seiner glossierten Fassung noch treffender zum Ausdruck, die bei Johannes von Buch den Versuch darstellt, nicht nur eine Übereinstimmung des sächsischen *ius proprium* mit dem gelehrten, besonders römischen, Recht zu behaupten, sondern darüber hinaus die Anwendungsmöglichkeiten des sächsischen Rechts im Rahmen der Tradition und des Rationalitätsmodells des gelehrten *ius scriptum* zu erfassen. In diesem Sinn wurde die Vorstellung eines schon relativ homogenisierten sächsischen gewohnheitsrechtlichen Volksrechts, sowohl in einem fürstrechtlichen, wie in einem gelehrtrechtlichen Rahmen eingebaut. Die fürstliche Autorität ermöglichte es, der Komplexität einer Gesellschaft, in der mehrere Machtzentren mit je ihrer eigenen politischen Legitimität koexistierten, ein (wenigstens weltliches) Einheitsprinzip zu geben. Das Juristenrecht, allerdings erst in der späteren Überlieferung des Sachsenspiegels, ermöglichte es, das komplexe Ganze auch intellektuell zu strukturieren, damit die einzelnen Teile in ein juristisch, nämlich gelehrtrechtlich beherrschbares System integriert werden konnten. Das Resultat war ein Normenkomplex, dem es gelang, eine Zwischenlösung zwischen der meistens sehr konkreten Ausdrucksweise der gewohnheitsrechtlichen Tradition und dem konzeptuellen Abstraktionsstreben des gelehrten Rechts herauszuarbeiten. Dieser Mittelstellung ist es wohl zum großen Teil zu verdanken, daß der Sachsenspiegel, sowohl in dem deutschsprachigen Raum wie in Nachbargebieten und im osteuropäischen Raum Beifall gefunden hatte und eine rezeptionsfähige Modellrolle erfüllen konnte.

Die Buch'sche Glosse, die nun seit der im Jahre 2000 veröffentlichten Ausgabe für die wissenschaftliche Forschung optimal zugänglich ist, bezeugt weiter auch, wie die Quellendiversität sich im Laufe der Zeit weiter entwickeln konnte, und damit die Schichten des Textes sich noch weiter aufeinander stapelten. Die in der kritischen Ausgabe angeführten und identifizierten Quellen betonen, wie die gelehrtrechtliche Tradition den Grundtext überlagern konnte. Abgesehen von der bedeutsamen Zahl der Anknüpfungen an die Bibel, beherrschen die römischrechtlichen und kirchenrechtlichen Grundtexte den Bezugsrahmen, wobei das Verhältnis zwischen römischem Recht und Kirchenrecht etwa 2:1 zugunsten des ersteren zu sein scheint. Die relativ kleine Sammlung der Institutionen, die im Mittelalter eben nicht im Zentrum der rechtswissenschaftlichen Interessen stand, ist durch ihre vier Hauptteile (Bücher) stark vertreten. Die Digesten und der Codex werden pauschal ungefähr im selben Maß vorgebracht, aber in beiden Fällen wohl mit erheblichen Unterschieden innerhalb jeder dieser beiden Sammlungen. Das *Digestum Novum* liefert die meisten Autoritäten, das *Infortiatum*, wie man erwarten konnte, die wenigsten. Wie so oft in der mittelalterlichen Romanistik, sind es nicht immer jene Texte, die im heutigen Studium des römischen Rechts die stärkste Beachtung finden, die in der Buch'schen Glosse am meisten vorkommen: so werden z.B. die *leges* des Titels Dig. 9.2 relativ wenig erwähnt, aber mancherlei Texte, die auch für die öffentlichrechtliche Ordnung relevant sind, gehören dagegen zum benutzten Quellenmaterial. Ebenso wie im Sachsenspiegel selbst, spielen allgemeine und allgemein formulierte Rechtsgrundsätze eine große Rolle, wie durch die vielen Hinweise auf Rechtsregeln aus insbesondere dem Titel *De regulis iuris antiqui* (Dig. 50.17) bezeugt wird. Auch der Codex und das *Authentikum* zeigen, wie ein breiter Fächer von Rechtsgebieten, die durch den Sachsenspiegel behandelt wurden – die prozeßrechtlich geprägten Rubriken des Codex sind davon nur ein Beispiel –, auch im Glossenapparat weiter gelehrtrechtlich koloriert wurden. Die Akkursische Glosse, obwohl nicht unbedeutend, steht noch verhältnismäßig im Hintergrund. Die starke Vertretung von kanonischrechtlichen Quellen, besonders der zwei grossen Sammlungen des *Corpus iuris canonici*, erinnert (so nötig) an die grundlegende Rolle, die die Kanonisten bei der Rezeption einer gelehrtren Rechtskultur in den deutschen Regionen gespielt haben. Auch hier kommt die Sekundärliteratur, d.h. die Glossenapparate, noch ziemlich wenig zum Vorschein. Obwohl vielleicht nicht so spektakulär und bekannt wie die Bilderhandschriften, ist die glossierte Tradition des Sachsenspiegels dennoch in allen Institutionen und Kreisen, wo gebildete Juristen mit Rechtsdurchführung und Rechtsanwendung jahrhundertelang beauftragt wurden, von großer Bedeutung gewesen.

Auch der Stil des Sachsenspiegels ist wohl der Ausdruck einer gebildeten und juristisch erfahrenen, professionellen Formulierungsfähigkeit. Freilich war jede Aufzeichnung oder 'Verschriftlichung' eines Gewohnheitsrechts im Mittelalter schon eine Art Verwissenschaftlichung. Trotzdem ist in der Überlieferung des Gewohnheitsrechts oft eine typische Bildsprache gewißermaßen erhalten geblieben: mit grober Vereinfachung könnte man behaupten, daß der größere Abstraktionsgrad des gelehrten Rechts, nicht nur konzeptuell, sondern auch in seiner Ausdrucksweise, ein Merkmal ist, das dieses Recht nach seinem Stil von der gewohnheitsrechtlichen Tradition unterscheidet. In den nord-französischen *pays de coutumes* (wozu hier auch die sowohl französischsprachigen, wie niederländischsprachigen Gewohnheitsrechte der südlichen Niederlanden gerechnet werden dürfen) gibt es, wie übrigens auch in Deutschland, eine lange Überlieferung von Rechtssätzen, die sich durch ihre oft sehr plastische Bildsprache kennzeichnen, wobei ein ganz konkreter und spezifischer Fall einen allgemeinen Rechtsgrundsatz ausdrückt – eine Überlieferung einer Volkskultur, die sich auch in anderen Materien darstellt (man denke z.B. an die Wettersprüche). Abgesehen von der Authentizitätsfrage solcher Rechtssprichwörter, ist allerdings bemerkenswert, daß manches Rechtssprichwort, das oft in Zusammenhang mit dem Sachsenspiegel erwähnt wird, nicht buchstäblich in der Sammlung vorkommt, aber in einer allgemeineren und eher nüchterner Formulierung. Diese Beobachtung trifft in Materien zu, von denen man wohl einen technischen und professionellen Sachverstand erwarten sollte (z.B. viele Abschnitte des Verfahrensrechts, die irgendwo eine einheimische Verfahrenstradition mit Elementen des römisch-kanonischen Verfahrensmodelles kombinierten), aber auch in jenen Materien, die im Alltagsleben der Bevölkerung verwurzelt waren (wie z.B. das Familienrecht, das eheliches Güterrecht oder das Erbrecht). Diese stilistische Überarbeitung, die wohl eine Professionalisierung des sächsischen Rechts bereits zur Zeit der Verfassung des Sachsenspiegels wiedergibt, hat gerade auch wohl die Verbreitung des Sachsenspiegels in anderen Rechtskreisen erleichtert.

Aufgabe einer weiteren Forschung wäre allerdings, die sozial-politischen Verhältnisse im sächsischen Raum, die zur Aufzeichnung und Fassung des ('ursprünglichen') Sachsenspiegels führten, näher zu bestimmen, damit auch die einzelnen Partikularrechte, von denen der Sachsenspiegel sich schon als eine Art Synthese herausschälte, deutlicher identifiziert werden könnten.

Zentrale These dieses Kurzreferates ist, daß der Sachsenspiegel trotz seines Namens und seines Rufes als einer Niederschrift des partikularen sächsischen Gewohnheitsrechts, sowohl in den bekannten Fassungen wie in seiner problematischen Urfassung, schon selbst – gewißermaßen – unvermeidlich eine wissenschaftliche Bearbeitung und Interpretation war, die die Komplexität und Diversität des sächsischen Gewohnheitsrechts z.T. vereinfachte, reduzierte und vereinheitlichte, was übrigens der Autorität und dem Nutzen dieses Rechtbuches zugute kam. Zum Schluß sei schließend an diese These darauf hingewiesen, daß auch lange vor dem Erscheinen der bekannten Bilderhandschriften des Sachsenspiegels, dieser 'Spiegel' schon zum

‘Kampf ums Bild’ beitrug, der bis in unsere Zeit den ‘Kampf ums Recht’ begleitet. Die Zweischwerterlehre, die nicht zu einem einzelnen territorialen Gewohnheitsrecht gerechnet werden kann, aber einer theologisch-politischen Theorie entnommen wurde, ist ein typisches Beispiel einer mittelalterlichen Bildsprache, die auch ohne handschriftliche Illustrationen dem Leser und dem Hörer des Sachsenspiegels schon eine Vorstellung von politischen Verhältnissen bot, die weit über den sächsischen Raum hinaus reichte. Aber auch die einzelnen Rechtssätze waren oft, trotz ihrer allgemeinen und grundsätzlichen Anwendbarkeit, derartig anschaulich formulierbar, daß sie ihre Funktion, in Sachsen und über die sächsischen Grenze hin einen gemeinrechtlichen Rahmen und Corpus zu bilden, erfüllen konnten. Dies mag zuletzt auch erklären, warum der Sachsenspiegel damals trotzdem, auch ohne eine umfassende Verbreitung der Bilderhandschriften (selbst wenn es mehr als die sieben, deren Existenz feststeht, gewesen sind, und von denen vier die Jahrhunderte überstanden haben), aber mit einer im Gegenteil verhältnismäßig umfangreichen Verbreitung durch nicht-illustrierte Handschriften und Drucke, manche Generation von Juristen und Nicht-Juristen beeindruckt hat.

Diese Wirkung des Sachsenspiegels macht aus diesem Rechtsbuch eines der großen Monumente der europäischen Rechtstradition und Rechtskultur, und man kann nur hoffen, daß die Ausstellung, hier in Brüssel, in der unmittelbaren Nähe der wichtigen Zentren der neueren Produktion der europäischen Rechtssetzung, in Bezug auf die Grundeigenschaften, denen eine Rechtssammlung gerecht werden soll, eine Inspiration sein möge, um effektiv den Bedürfnissen der gegenwärtigen Europäischen Union entgegenzukommen.

DIE HERAUSBILDUNG DER STRAFKLAGE ANHAND DEUTSCHER QUELLEN

von

THORSTEN GUTHKE

Von einer klaren Unterscheidung zwischen Strafklagen und bürgerlichen Klagen kann in den hoch- und spätmittelalterlichen Quellen, insbesondere den Rechtsbüchern, Glossen und den Zeugnissen der Gerichtspraxis, nicht gesprochen werden. Es lassen sich aber Anhaltspunkte für den Beginn einer Unterscheidung finden. Zunächst sollte jedoch definiert sein, was unter einer Klage überhaupt zu verstehen ist. Es darf vorweggenommen werden, dass eine Klage eine förmliche, in irgendeiner Weise auf eine forensische Reaktion gerichtete, Handlung ist. Sie ist mehr als nur 'Jammern' oder Sichbeschweren einer Person über eine Rechtsverletzung bzw. einen wirtschaftlichen Nachteil. Eine Klage kann wirksam nur vor einem Gericht erhoben werden. Sie soll also so definiert werden, dass sie ein Instrument ist, um eine Sache rechtshängig zu machen.

Zu Klagen mit strafrechtlichem Charakter im Sachsenspiegeltext sind jene zu zählen, deren Ziel sich auf Strafung des Angeklagten an Leib und Leben richtet. Darunter fallen die Klagen, die der Sachsenspiegel *umme ungerichte* nennt, also wegen schwerer Verbrechen.

> Ldr. I Art. 61: '*(...) We nenen borgen hebben mach dar he ock nen erve hevet den schal de vronebode in syne walt behalden / offt he umme ungerichte klaget / oder de klage upp en ghat.*'
> Ldr. I 70 § 3: '*We so umme ungerichte vor gerichte vorklaget wert met dem geruchte er yd overnachtig werde mach de kleger dat ungerichte sulff sevende (...)*'.

Ein begangenes *ungerichte* wird mit einer peinlichen Bestrafung geahndet, diese Rechtsfolge zeigt der Sachsenspiegel in Ldr. II Artikel 13: '*Den dyff schalmen hengen. (...) Alle mordere unde de den pluch rovet / oder mollen oder kerken / unde kerkhove / unde vorredere / unn mortbernere / oder dy ore bodeschap wervet tho oren vromen / de schalmen alle radebraken. De den man schleyt / oder veyt / oder rovet / oder bernet sunder mortbrant / oder wyff / oder maget nodiget / unde de den vreden brickt / unde de in overhure gegrepen werden / den schalmen dat hovet aff schlan. (...)*'

Die Folge einer der genannten Taten ist also die peinliche Strafe, häufig als Todesstrafe. Die klassische Form, in welcher die Klage zu erheben ist, ist die Form, die für die handhafte Tat vorgesehen ist: der Täter muss am Tag der Tat gefasst und vor Gericht gebracht worden sein, wo die Klage sogleich zu erheben ist. Gleiches ist möglich, wenn man den Täter mit gestohlenem oder geraubtem Gut antrifft. Ein wesentliches Kennzeichen ist, dass bei der Ergreifung bzw. Verfolgung des Täters das Gerüfte geschrieen werden musste.

Eine größere Zahl von Delikten, die wir gleichwohl den Straftaten zuordnen, wird nicht mit peinlichen Strafen, sondern mittels Geldzahlung verbüßt. In diesem Zusammenhang treten besondere Klageformen auf, etwa bei Fällen von Diebstahl und Raub.

Der Sachsenspiegel widmet sich auch den zivilen Klagen, die eindeutig dem Bereich der bürgerlichen Rechtsverhältnisse zugeordnet werden; in Ldr. I Artikel 70 nennt er Klagen auf Zahlung von Geldschulden und zur Klärung von Eigentumsfragen:

> Ldr. I Art. 70, 1: '*Hevet aver de man geklaget uppe gudt tho dren dingen / man schal ene dar in wysen unde schal ene des geweldighen dar moth en neman uthwysen he dut met rechter klage.*'
> Ldr. I Art. 70, 2: '*Claget men aver umme schult over deme de dar nicht dingplichtich en is / noch to antwerde dar nicht en ys / men schal em gebyden van rechtes halven dat he ghelde over virteyn nachten / oder de schult met rechte untrede / dut he des nicht man schal ene dar vor panden.*'

Im Rahmen der bürgerlichen Gerichtsverfahren kennt der Sachsenspiegel also bereits Klagen *umme scult, umme gelt* sowie außerdem *umme erve*, das ist wegen Streitigkeiten um Immobilien, Ldr. I Art. 79 § 3. Bei solchen Sachen kommt eine Festnahme des Verklagten nicht in Betracht. Dies stellen Magdeburger Schöffensprüche mehrfach klar.

Um die Ursachen dieser frühen Stufe verfahrensrechtlicher Unterscheidung aufzuklären, lohnt ein Blick auf Ziel und Zweck der Strafe im Spätmittelalter. Diese Bezeichnung tauchte im deutschen Sprachraum erst um das Jahr 1200 auf; in historischer Sicht ist sie eine Reaktion auf ein den Friedens störendes Unrecht. Die Wiederherstellung des Friedens kann sowohl durch Geldzahlung als auch durch Bestrafung der Täter erreicht werden – 'der Arme hängt, der Reiche zahlt'. Ein staatlicher Strafanspruch hat sich bis zum Ende des Mittelalters jedoch kaum bzw. nur punktuell durchgesetzt.

Als Alternative zum Begehren nach körperlicher Bestrafung des Verklagten steht dem Kläger eine Klage auf Geldleistung zur Wahl. Für diese sieht der Sachsenspiegel nicht die für die peinliche Klageerhebung erforderliche Form vor, insbesondere muss nicht nachgewiesen werden, dass eine handhafte Tat vorläge; das Gerüfte oder die Vorstellung des Delinquenten bei Gericht ist nicht erforderlich. Liegt keine handhafte Tat vor, steht den Parteien die Möglichkeit einer Sühne offen, wozu das Verfahren mit einer bürgerlichen Klage begonnen werden kann. Ziel einer solchen Klage ist die Verurteilung des Täters zu einer Entschädigung in Geld. Er muss das Wergeld des Opfers zahlen, also den für dieses im Sachsenspiegel fest taxierten Schadensersatzbetrag, welcher auch in Bruchteile zerfallen kann, bzw. eine Buße.

In einer Gesamtschau zeigt sich am Ende des Mittelalters im Gebiet des sächsischen Rechts eine stärkere Tendenz, die weg vom Bußensystem und hin zur vermehrten Sanktion durch peinliche Strafen führt. Insgesamt bleiben die peinlichen Strafen gleichwohl in der Minderzahl. Ziel und Zweck der Sanktionen sind einerseits die dem Opfer der Tat zugedachte Genugtuung, andererseits eine Leistung an das Gemeinwesen wegen Verletzung des öffentlichen Friedens und, durch die Einflüsse des kanonischen Rechts, die Vergeltung der Tat durch Erleiden eines vergleichbaren Übels, was sich an dem Stichwort *Talion* für spiegelnde Strafe zeigt. Die ersten beiden Intentionen, die Leistungen an das Opfer und an das Gemeinwesen, lassen sich naheliegenderweise eher durch Geldzahlungen verwirklichen. Als Motivation für die peinliche Bestrafung in Betracht kommt hingegen insbesondere der Vergeltungsgedanke mittels der Talionsstrafe. Außerdem kann durch peinliche Strafen eine generalpräventiv wirkende Abschreckung inszeniert werden, ein Effekt, der bei einer Geldbuße nicht entsteht. Seltener sind die Verfolgung eines spezialpräventiven Interesses gegenüber dem Missetäter sowie ein Besserungsgedanke. Indessen herrscht im Mittelalter durchaus die Ansicht, dass die Genugtuung gegenüber dem Kläger und auch gegenüber der Obrigkeit ersatzweise durch die Vollstreckung einer peinlichen Strafe eintreten kann. Oft tritt die peinliche Strafe an die Stelle der nicht beigebrachten Geldleistung an Kläger und Gericht.

Außerdem ist in der alltäglich gelebten Gewohnheit die 'vertragliche' Sühne für die überwiegende Mehrzahl der Rechtsverletzungen eröffnet. Auch schwerste Verbrechen können, sofern sie nicht vorsätzlich und nicht arglistig begangen sind, vor Gericht verbüßt werden. Zahlreiche Fälle werden so im Wege eines Schiedsverfahrens oder Vergleichs erledigt.

Basierend auf dieser Ausgangslage im 13. Jahrhundert kam es zu Umdenken und neuen Einflüssen. Es wurde begonnen, den Text des Sachsenspiegels zu interpretieren. Zunächst standen die vorstehend beschriebenen Klagen des Sachsenspiegels ohne schärfere Abgrenzung nebeneinander. Das ändert sich durch die Buchsche Glosse im Sinne einer Unterteilung in peinliche, bürgerliche und gemischte Klagen. Anlass hierfür ist der Versuch, das sächsische mit dem römischen Recht in Verbindung zu bringen.

An die vorstehenden Bestimmungen des Sachsenspiegels knüpft die in den Glossierungen zu dem Rechtsbuch dargestellte Lehre von der Unterscheidung peinlicher und bürgerlicher Klagen an. Die älteste und wichtigste Glosse stammt von dem märkischen Ritter und Hofrichter Johann von Buch. Sie entstand etwa hundert Jahre nach dem Sachsenspiegel in den Jahren 1325-1335. Der Autor selbst stammt von einem Gut unweit des Dorfes Buch in der Nähe von Tangermünde. Er erwähnt mehrfach, dass er in der Mark Brandenburg lebe, so dass davon ausgegangen werden kann, dass er sein Werk auch dort verfasst hat. Die Glosse ist in mittelniederdeutscher Sprache bzw. niedersächsischer Mundart geschrieben. Die Arbeitsweise der Glosse besteht in einer Kommentierung des Sachsenspiegels im Stile des gelehrten Rechts. Parallelstellen werden zusammengestellt, der Text wird mit romanistischen und kanonistischen Quellen harmonisiert, schließlich werden Übereinstimmungen und Widersprüche mit dem Corpus Iuris Civilis herausgearbeitet und einzelne Rechtssätze mit wissenschaftlichen Methoden ausgelegt.

Die Anknüpfung im Text des Sachsenspiegels für seine Lehre findet von Buch in Ldr. I Art. 67, wo im Rahmen der Ladungen recht deutlich von zwei verschiedenen Klagen die Rede ist: '*Wenne men vor gerichte beklaget, en is he dar nicht men schal eme degedingen to deme negesten dinge. Wen men aver beklaget umme ungerichte, deme schal men degedingen dries ummer over virteinnacht.*' In diesem Artikel stellt der Sachsenspiegel die Klage wegen *ungerichte* den anderen Klagen gegenüber, wie er es u.a. in Ldr. I 70 ebenfalls tut. Diese Stellen hätte Johann von Buch also sicher genauso gut für seine Lehre heranziehen können. In der Glosse zu Ldr. I 67 erklärt er seine Auffassung von den zwei verschiedenen Klagen: '*Hir sedt he twierley klage (...). De erste het in legibus actio civilis dat het eine borgelike klage / dy is als umme schult unn umme schaden. Dy ander het criminalis. Dat men ein schentlik ding klaget / als düve / roff unn dot schlach.*'

Dabei gebraucht Johann von Buch hier erstmals den Begriff 'bürgerlich' für eine Klage. Der Sachsenspiegel hat ihn noch nicht verwendet. Im Rahmen der Konkordanz mit dem römischen Recht lässt sich die Unterscheidung zwischen den beiden Klagen mit Inst. 4.6.16 vergleichen: '*Sequens illa divisio est, quod quaedam actiones rei persequendae gratia comparatae sunt, quaedam poenae persequendae, quaedam mixtae sunt.*' Hier ist deutlich zu erkennen, dass die Römer Klagen zur Sachverfolgung von Klagen der Strafverfolgung unterscheiden, außerdem kennen sie gemischte Klagen.

Von den beiden genannten Klagen grenzt von Buch in der Glosse zu Ldr. I 68 die sog. *misschede klage* ab, auf die später noch zurückzukommen ist. Dabei darf nicht verkannt werden, dass es sich um eine unterschiedliche Behandlung der Klagen nur innerhalb des herkömmlichen Parteiprozesses handelt. Von diesem Grundsatz geht Eike noch aus, dass ein Prozess, sei es wegen Ungerichte oder wegen bürgerlichrechtlicher Forderungen, nur zwischen zwei Privatpersonen als gleichberechtigten Parteien geführt werden kann.

Eine deutliche Sonderentwicklung beginnt die Strafklage dort einzuschlagen, wo das Inquisitionsprinzip in die Verbrechensverfolgung Eingang findet. Damit kommt die Strafverfolgung von öffentlicher Seite auf. Kennzeichnend für die inquisitorische Verfahrensmaxime ist die öffentliche Anstellung von Untersuchungen über die Tat ex officio. Die Inquisitionsmaxime hat verschiedene Vorstufen, aus denen sie sich entwickelt oder die zumindest zu ihrem Platzgreifen beitragen.

Der im Spätmittelalter sich verbreitenden Massenkriminalität kann das traditionelle Strafverfahren mit der privaten Klage und seinen formalen Beweismitteln, das nur wenige Ausnahmen und Vereinfachungen, insbesondere im Handhaftverfahren, zulässt, nicht mehr Herr werden. Lockerungen der bisher strengen Bindung der peinlichen Klage an die Voraussetzung der handhaften Tat und die Klageerhebung mit Gerüfte sollen die Effizienz der Verbrechensbekämpfung steigern. Auch die Landfrieden trugen über die Ausweitung des Handhaftverfahrens zur Verbreiterung des peinlichen Strafrechts bei, indem sie die peinliche Strafe vermehrt gegenüber dem anonymen Gewohnheitsverbrechertum in Gestalt der reisenden Knechte und entwurzelten Ritter anwandten. Einer der ersten Schritte hierzu ist die Anwendung des Übersiebnungsverfahrens. Dies erscheint Ende des 13. Jhs. im bayerischen Landfrieden von 1281. Ihm liegt der Gedanke zu Grunde, dass jeder Mensch das Recht hat, einen 'schädlichen Mann' festzunehmen und anzuklagen. Schwört er dann vor Gericht mit sechs Eideshelfern, dass der Festgenommene ein 'schädlicher Mann' sei, wird diesem damit das Recht auf den Unschuldseid abgeschnitten.

Außerdem wurde die Rüge als Mittel zur Anzeige von Missetaten gestärkt. In Sachsen sind die Dinggenossen gegenüber ihrer Gerichtsherrschaft verpflichtet, Rechtsverletzungen, von denen sie etwas hörten oder sahen, zu rügen. Ldr. I 2: '*(...) underm yowelkeme vogtdinge schal yowelk burmester wrœgen alle dy thu dingen nicht en komet dy dar plichtich sin to kamene unn dat ruchte unn menschen bludenden wunden de em ein ander hevet gedan / unn getoghene schwert up eines anderen mannes schaden / unn all ungerichte dat in den lyff edder in de handt gat offt id mit klage vor gerichte nicht begrepen is anders darf he nicht wrœgen.*'

Im 15. und 16. Jh. steht die Rüge dort der Klage in ihrer Häufigkeit keinesfalls nach. Vielerorts sind auch Dorfrichter und Schöppen verpflichtet, Ungerichte anzuzeigen. Allerdings ist das daraus folgende Verfahren noch ein akkusatorisches mit einem Parteiprozess zwischen zwei Privaten, der Richter untersucht noch nicht selbst. Die Rüge, die zu erheben der jeweils Betreffende verpflichtet ist, ersetzt in solchen Fällen die Klage. Sie setzt ein Verfahren in Gang, das wie bei einer handhaften Tat ex officio von dem Gericht weitergeführt wird.

Ein anderes Mittel zur Effizienzsteigerung bei der gerichtlichen Verfolgung von Übeltaten ist der Klagezwang. Der Sachsenspiegel lehnt ihn gleichwohl ab: '*Men schal nemande dwingen to einer klage der he nicht begunt hevet vor deme gerichte*', Ldr. I Art. 62. Auf dieser Stelle des Sachsenspiegels beruht vermutlich auch die berühmte Rechtsparömie 'Wo kein Kläger, da kein Richter'. Andere Land- und Stadtrechte sehen indessen den Klagezwang vor, so etwa Oberbayern oder Hamburg. Denn eine amtliche Verbrechensverfolgung ergibt nur Sinn, wenn im Anschluss die Durchführung des Strafverfahrens gewährleistet ist. Bisher war dies ja den Parteien überlassen. Folglich behilft man sich damit, dass man mancherorts das Opfer zur Klage drängt.

Ein weiterer noch dem Mittelalter angehörender Entwicklungsschritt ist das Klagen auf bösen Leumund. Hier kann auf Grund bloßen, wenn auch starken, Verdachts der als gefährlich angesehene Mensch verurteilt und sogar mit dem Tode bestraft werden. Einer klagenden Prozesspartei bedarf es dabei nicht, zumal ihr ein Klagegegenstand fehlen würde. Es genügt, dass ein privater oder öffentlich bestellter Ankläger mit Eideshelfern schwört, dass der Betroffene 'land- und leuteschädlich' sei. Ziel dieses Vorgehens ist, dass der so Angeschuldigte sich nur unter erschwerten Bedingungen vor der Bestrafung retten kann. Angesichts der Einfachheit der formalen Beweismittel, konkret des Reinigungseides, stößt dieses Verfahren allerdings auf Schwierigkeiten. Dem Betroffenen diese prozessuale Waffe zu entwinden, ist das Ziel eines solchen Präjudizialverfahrens.

Das Klagen von Amts wegen ist der fünfte wichtige Schritt in Richtung Inquisitionsmaxime. Grundsätzlich verlangt der Prozess überall einen Ankläger. Wenn ein solcher aus welchen Gründen auch immer nicht auftritt oder aber eine Straftat gegen das Gemeinwesen vorliegt, klagt ein öffentlicher Beamter, etwa der Bürgermeister oder auch der Richter selbst. Buchsche Glosse zu Ldr. I Art. 66: '*Dar sprickt dat Keyserrecht. In welkerleye sake dy hantdediger begrepen wert / dar sy ein kleger oder nicht. Dat tret tu des richters sorchvoldicheit / dat he ungeklaget dorch den broke richten schole / dar schal yd gerichte thu hant tu gaen so dat men den schuldigen pynige / oder oft he unschuldich sy / dat men em van der klage ledige / dat selve meynet he ock hir.*' Daraus ergibt sich, dass das Gericht den Prozess amtswegig führen soll. Hier macht Johann von Buch eine Ausnahme von dem Grundsatz, dass das

Gericht nur auf eine Klage hin tätig werden soll. Zum einen wird damit dem Gericht eine generelle Klagebefugnis eingeräumt, bei der sich das Problem, ob erst jemand zur Klage gezwungen werden muss, nicht mehr stellt. Zum anderen wird eine Strafverfolgungslücke geschlossen zugunsten von Opfern, welche keine Angehörigen haben, die ihre Rechte wahrnehmen könnten.

Schließlich wurde der Inquisitionsprozess aus den geistlichen Herrschaften eingeführt. Er ist durch die Prozesseinleitung ex officio gekennzeichnet. Dazu gehört auch die dem Gerichtsverfahren vorgeschaltete Untersuchung durch die Obrigkeit im Hinblick auf Missetaten, wie in einer Ordnung des Bischofs von Speyer 1470, welche befiehlt: '*die Amtleute sollen ernstlich nach den Unfällen, Bruchen, Diebstahl und anderen Misshandlungen fragen und fleißige Erfahrung haben, daß die nit undergedruckt oder ungestraft hingelegt werden.*' Dabei spielt die Anzeige (*denuntia, denuntiatio, notificatio*) eine wesentliche Rolle und ist in den meisten Inquisitionsprozessen die erste Handlung zur Einleitung des Verfahrens. Die Entwicklung zum Inquisitionsprozess lässt sich mit dem aufkommenden staatlichen Strafanspruch erklären. Die Obrigkeit drängt auf eine Verfolgung von Amts wegen, wenn bestimmte schwere Delikte begangen sind, sich ein Kläger nicht findet oder der Kläger nach ergangener Ladung ausbleibt. Zur Inquisitionsmaxime im weiteren Sinne gehört, dass die erstarkende Obrigkeit aus politischen und wirtschaftlichen Gründen die öffentliche Sicherheit vermehrt überwacht, insbesondere im Hinblick auf den Schutz des Handels und der Verkehrswege.

Die beschriebene Entwicklung führte dazu, dass am Ende des Mittelalters die Privatakkusation und die Inquisition parallel nebeneinander stehen. Im Hinblick auf die Gerichtsverfahren teilen sich voneinander das peinliche Strafverfahren, der bürgerliche Rechtsgang und die Sühne zur einvernehmlichen Beilegung der durch die Kriminaltat erfolgten Störung des Rechtsfriedens.

Die Unterscheidung der verschiedenen Strafklagen findet sich auch in der Zuständigkeit der Gerichte wieder. So sind die peinlichen Sachen den Hochgerichten vorbehalten, während sich die Niedergerichte mit den bürgerlichen Rechtsgängen beschäftigen, zu denen auch die leichten Missetaten zu zählen sind, die in dieser Verfahrensart abgehandelt werden.

Primär bei der privatrechtlich geprägten Sühnung von Missetaten spielen Schiedsrichter eine Rolle, also außerhalb des gerichtlichen Urteilsverfahrens. Die Schiedsgerichtsbarkeit als Alternative zur ordentlichen kam im Laufe des 13. Jhs. in der Schweiz und in Süddeutschland auf. Johann von Buch lehrt in der Glosse zu I Art. 59: '*Underscheide dit. Wedder geit dy klage uppe gudt oder uppe pyne. Gat sy uppe gudt so mogen sy beide einen richter wilkoren. Gat aver dy klage uppe pyne / dat is an den lyff / oder an ere / so můt yd syn overrichter richten unde anders nymandt.*' Damit konstatiert von Buch, dass ein gewillkürter Richter wohl in einer bürgerlichen, nicht aber in einer peinlichen Sache tätig werden darf. Die peinlichen Fälle müssen den ordentlichen Gerichten vorbehalten bleiben. Eine wichtige Frage ist die der Rechtskraft des Schiedsspruchs. Dazu führt ein Leipziger Schöffenspruch aus: '*(...) also das die sachen nicht mer vor gericht solde kommen unde solde auch vor gericht nicht mehr werden gehandelt.*' Das Recht des Mittelalters erkannte die Schiedsgerichtsbarkeit in vollem Umfang an mit der Konsequenz, dass sowohl eine getroffene

Schiedsvereinbarung der Entscheidung durch das ordentliche Gericht vorging bzw. diese ausschloss als auch der gefällte Schiedsspruch, *wilkor bricht lantrecht.*

Ein deutlicher Hinweis, der für die gewollte unterschiedliche Behandlung der Klagearten bereits im Sachsenspiegel spricht, findet sich bei den Ladungsfristen. Ldr. I Art. 67 nennt Fristen für zwei verschiedene Klagen: '*Wenne men vor gerichte beklaget, en is he dar nicht men schal eme degedingen to deme negesten dinge. Wen men aver beklaget umme ungerichte, deme schal men degedingen dries ummer over virteinnacht. Klaget men ungerichte over einen vryen schepenbaren man deme scal men degedingen ummer dries over ses weken unde koniges banne unn to echter dingstat we nicht vor ne kumpt tho deme dridden degedinge den vorvest men Umme anders nene klage schal men den man vorvesten ane umme de / de an dat lyff oder an de hant gaet.*' Bei dieser Stelle muss vorausgesetzt werden, dass von einem Dingpflichtigen die Rede ist, der regelmäßig anwesend zu sein hat, aber nicht erschienen ist. Wird eine Klage *umme ungerichte* gegen diesen erhoben, ist der Angeschuldigte bis zu dreimal mit einer Frist von jeweils 14 Nächten zu laden. Dabei handelt es sich um eine wesentlich kürzere Frist als in den zuvor genannten Fällen, denn zwischen zwei ordentlichen Dingen liegen regelmäßig 18 Wochen, Ldr. I 2. Erscheint der Geladene zu keinem dieser Termine, soll er im dritten Termin verfestet werden. Laut Ldr. I 67 § 3 soll die Rechtsfolge der Verfestung nur in peinlichen Sachen eintreten, die an das Leben oder an die Hand gehen. Bei allen anderen Klagen soll der Beklagte, wenn er ausbleibt, nicht verfestet werden. D.h. in bürgerlichen Sachen wird der Beklagte zum nächsten ordentlichen Ding geladen. In diesen Sachen ist die Rechtsfolge bei fortdauerndem Ungehorsam des Beklagten ein Kontumazialurteil: hat der Kläger seine Klage also dreimal erhoben, ohne dass der Beklagte erscheint bzw. sich verteidigt, so wird dem Kläger das Geforderte zugesprochen. Diese Rechtsfolgen finden sich schon im Sachsenspiegel: Ldr. I 70 § 1 ordnet die Einweisung in die Liegenschaft an, Ldr. I 70 § 2 die Pfändung; die Übertragung beweglicher Sachen auf den Kläger bestimmt Ldr. III 5 § 1.

Rechtsfolge des Ausbleibens des Angeklagten in peinlichen Sachen ist die Verfestung bzw. Acht. Mit der Zeit wird sie in Folge eines Entwicklungsfortschritts mehr und mehr Prozessmittel. Ursprünglich Strafe, bleibt sie als Folge des Ladungsungehorsams erhalten. Das zeigt sich dann, wenn ihre Auslösung in das Belieben des Geächteten gestellt wird. Dies kann nur in einem Rahmen geschehen, in dem die Bestrafung grundsätzlich Aufgabe der Rechtspflegeorgane ist. Dafür, dass im Sachsenspiegel die Verfestung in erster Linie prozessuales Zwangsmittel ist, spricht die Möglichkeit, sich aus ihr zu lösen, indem man vor Gericht erscheint. Dies muss allerdings ungefangen geschehen, da man ansonsten wie ein handhafter Täter behandelt würde.

Der Sachsenspiegel kennt auch bereits die Säumnis des Klägers, zumindest in Ungerichtssachen. Nach Ldr. II 8 wird der erschienene Angeklagte freigesprochen, wenn der Kläger im Gericht nicht gegen ihn klagt.

Johann von Buch ist der Auffassung, dass in einem Strafverfahren von beiden Parteien Prozessbürgen zu stellen sind: '*In pinliker klage merke drierley dingk / dy oren sunderliken syn hebben. Dat irste is dat man desse klage vorborgen mot an bei-*

den syden.' Wer zur Bürgenstellung verpflichtet ist, aber dies nicht vermag, den soll der *vronebode* in Haft nehmen. Diese Verpflichtung besteht nach Ldr. I 61 § 1 Satz 2 ausdrücklich in Ungerichtssachen. Der Betreffende soll jedoch nur in Haft genommen werden, wenn er kein haftendes Gut im Gerichtsbezirk hat, das ersatzweise als Sicherheit dienen kann.

In bürgerlichen Sachen soll nach Johann von Buch eine Bürgenstellung entbehrlich sein. Dies wird im wesentlichen damit begründet, dass die Parteien hier mangels einer drohenden peinlichen Bestrafung keinen Anlass hätten, flüchtig zu werden. Der Bürge soll jedoch nicht an des Klägers Statt die peinliche Strafe erleiden, wie Johann von Buch in der Glosse zu Ldr. I 65 erklärt. Denn er muss auch nicht auf die Klage antworten. Dies muss er hingegen in bürgerlichen Sachen tun, wobei er alle Einreden genießt, die der Partei zustehen.

Eine spezielle Regelung besteht nach der Glosse zu Ldr. I 67 für die peinliche Klage hinsichtlich der örtlichen Zuständigkeit: '*Dat ander is dat man tu rechte sodane klagen nergen klage / wan dar sy geschen sint. Oder dar dy wonet den man beklagen wil.*' Der Gerichtsstand in Strafsachen kann demnach nur am Ort der Tat oder am Wohnort des Täters begründet sein. Diese Auffassung entnimmt Johann von Buch zum einen Ldr. I 59, zum anderen Ldr. I 70 und Ldr. III Art. 25. Die erste dieser Sachsenspiegelstellen bestimmt: '*Allerhande klage unn alle ungerichte moth wol de richter richten binnen sime gerichte (...)*' Der Richter ist also berufen, über alle Klagen, für die er in seinem Gerichtsbezirk sachlich zuständig ist, und auch über alle Verbrechen zu richten. Ansonsten braucht sich niemand auf eine Klage außerhalb seines heimatlichen Gerichtsbezirks einzulassen, es sei denn, es liegt eine der drei genannten Ausnahmen oder folgender, in der Glosse zu Ldr. I 59 genannter, Fall vor: '*Quemen aver twe vrombden in syn gerichte dy uth eme anderen gerichte weren / den muchte he richten.*' Dabei handelt es sich anscheinend um eine Gerichtsstandsvereinbarung, die Johann von Buch für zulässig erklärt. Mit diesen Stellen wird auch der Gerichtsstand in bürgerlichen Sachen definiert. In diesen ist der Richter ebenso wie in Strafsachen für alle in seinem Bezirk wohnenden Personen zuständig; hinzu kommen weitere, die dieses Gericht im Wege der Prorogation wählen und solche, die Eigen oder Lehen in dem Sprengel haben, sofern der Rechtsstreit um diese Sachen geht. Umgekehrt ist der Richter für seine Ortsansässigen dann nicht zuständig, wenn diese um auswärtig belegenes Eigen oder Erbe streiten. Johann von Buch nennt in Glosse zu Ldr. III 25 noch den Gerichtsstand der Widerklage: '*(...) war ein man klaget dar muth he antwerden.*'

Auf das Verhältnis zwischen privater Strafklage und inquisitorischer Verbrechensverfolgung, und somit die Stellung von Geldstrafe und peinlicher Strafe in der Verfahrenspraxis, hat die Entwicklung des Beweisrechts einen starken Einfluss. Es ist eine Entwicklungslinie des Übergangs von formalen Beweismitteln über Wahrnehmungszeugen zur Geständniserzwingung erkennbar. Im allgemeinen gewinnt derjenige den Prozess, dem das Recht zu schwören zusteht, oder dessen Eid sich als stärker erweist, weil er mehr Eideshelfer findet als der Gegner. Diese sind keine Zeugen, sondern bekräftigen nur, dass der Eid des Beweisführers 'rein und nicht mein', also glaubhaft sei. Im herkömmlichen Privatklageverfahren kann sich der

Verklagte durch Reinigungseid von dem Klagevorwurf befreien, während der Kläger ihn praktisch nur im Rahmen des Handhaftverfahrens mittels Siebenereides überführen kann. Ldr. I Art. 70, 3: '*We so umme ungerichte vor gerichte vorklaget wert met dem geruchte er yd overnachtig werde mach de kleger dat ungerichte sulff sevende / men vorvestet yennen de dat gedan havet. All thohant.*'

Die peinliche Klage stellt also eine Besonderheit dar: hier ist der Siebenereid des Klägers möglich, um den Angeschuldigten zu überführen. Außerdem kann dieser, wenn er verfestet ist, bei Ergreifung wie ein handhafter Täter gerichtet werden. Damit hilft die Verfestung über den Verfahrensmangel hinweg, der grundsätzlich besteht, wenn der Täter nicht gefangen werden konnte. In allen anderen praktisch bedeutsamen Fällen hat der Beklagte das Beweisvorrecht. Das gilt in Straf- ebenso wie in Zivilsachen.

Obwohl die Formalbeweise im Sachsenspiegel noch eine zentrale Stellung ein nehmen und sich in Sachsen das System des eidlichen Beweises als sehr langlebig erwiesen hat, findet doch ein Zugriff auch auf andere Beweismittel statt. Im Rahmen der genannten Lockerung der Bindung der peinlichen Klage an die handhafte Tat wird das Handhaftverfahren insofern ausgeweitet, als im Wege der verstärkten Klage der Kläger mit Gerüfte klagen darf, auch wenn dessen Voraussetzungen nicht alle vorliegen. Hierbei erlangt der Augenschein der Tat bzw. ihres Ergebnisses (*lyfflike bewysinge*) eine gesteigerte Bedeutung. Dazu gehören insbesondere die Klage mit dem toten Mann und die Klage gegen den toten Mann, bei der erst die Leiche, später nur noch ein Teil derselben dem Gericht vorgelegt wird, um bei der ersten einen Indizienbeweis für die Untat zu erbringen, ursprünglich den Toten selbst die Klage erheben zu lassen, und bei der anderen, um etwa die Tötung in Notwehr beweisen zu können.

Auch Sachverständige treten häufiger auf, insbesondere Wundärzte zur Begutachtung von Verletzungen. An dieser Entwicklung wird die Tendenz zur rationalen Wahrheitserforschung sichtbar. Aber auch Wissens- und Tatzeugen tragen vor Gericht vermehrt zur Sachverhaltsaufklärung bei. Sie haben wohl ihre Wurzel in den Eideshelfern des Handhaftverfahrens. Eideshelfer dienten herkömmlich als Glaubwürdigkeitszeugen, die die Richtigkeit und Reinheit des Eides der beweisberechtigten Partei beschwören. Im Handhaftverfahren sind sie zugleich Wahrnehmungszeugen, da sie die Tat entweder selbst gesehen haben oder aber auf das Gerüfte des Opfers hinzugeeilt waren. Der Täter kann hier leicht überführt werden, weil das Verbrechen notorisch ist, und wird vom Kläger mit den Eideshelfern übersiebnet. Dies Verfahren wird verstärkt im Kampf gegen die landschädlichen Leute eingesetzt. Das begann damit, dass im Rahmen der Landfrieden ab dem 14. Jh. einige Städte vom Kaiser das Privileg erhielten, einen sogenannten schädlichen Mann, auch wenn er nicht auf handhafter Tat gefangen war, mittels Siebenereides zu überführen. Durch das Handhaftverfahren bzw. das Übersiebnen wird dem Angeklagten der Reinigungseid verlegt, womit auch das Ziel erreicht wird, die Genossen eines landschädlichen Mannes als Eideshelfer auszuschließen. Aus den Eideshelfern der Klägerseite entstehen die öffentlichen Ankläger, wie sie zuerst in Gestalt eines 'Klagers von der stat wegen' in Erscheinung treten.

Im 13. Jh. beginnen zudem die Eideshelfer, sich zu Wissenszeugen zu wandeln: Ldr. II Art. 6 § 2: *Alle vorguldene schuld schalmen vulbringen sulff drüdde de dat segen unde horden.* Im 15. Jh. erhöht sich indes auch in Sachsen die Bedeutung des Geständnisses als Beweismittel (*confessio regina probationum*), womit eine Verbreitung der Folterpraxis einhergeht. Außerdem wird der Bekämpfung und Unschädlichmachung der Gewohnheitsverbrecher die Aufgabe traditioneller Verfahrensgrundsätze konzediert, bis hin zur Formlosigkeit des Strafprozesses. Dazu gehört zum einen das Übersiebnen bloßer Verdächtiger ohne Bindung an die handhafte Tat. Das gleiche Ziel hat das Richten auf bösen Leumund. Die Folter hatte es in Sachsen zuvor nicht gegeben, sie wird in Süddeutschland Anfang des 14. Jhs. nachweisbar und verbreitet sich im Verlaufe dieses Jhs. nach Norden. Obwohl es auch in Sachsen die landschädlichen Leute, die amtliche Verbrechensverfolgung und schließlich – zumindest ab dem 15. Jh. – die Folter tatsächlich gibt, bleibt doch das Privatklageverfahrens mit seinen herkömmlichen Eigenarten ungebrochen parallel neben dem inquisitorisch betriebenen Prozess bestehen.

Noch im 15. Jh. ist auch in bürgerlichen Sachen der Formalbeweis üblich; im sächsischen Rechtsgebiet ist der Reinigungseid selbst bei Geldforderung übliches Beweismittel. Im Bereich der Zivilsachen erlangen gleichwohl parallel der Beweis durch 'Gerichtszeugnis', durch 'Geschäftszeugen' und durch Urkunden eine höhere Bedeutung. Allerdings bleibt auch hier der eidliche Beweis das ganze Spätmittelalter hindurch beherrschend. Das gilt sowohl für Klagen um Geldschuld als auch um bewegliche Sachen, nur bei Immobiliarklagen erlangt der Besitzer regelmäßig das Beweisvorrecht, da ihm die Rechtsscheinfunktion des Besitzes zu Gute kommt.

Die Auseinanderentwicklung des Beweisrechts in bürgerlichen und Strafsachen liegt also nicht darin, dass das eine Verfahren den Formalbeweis schneller abgestreift hätte als das andere. Vielmehr bilden beide Klagearten am Ende des Mittelalters ihre eigenen spezifischen Beweismittel heraus, die neben den weiter existierenden förmlichen Beweisen geeigneter sind, zur Entscheidungsfindung durch das Gericht beizutragen. In Strafsachen liegt dabei der Schwerpunkt mehr auf dem Geständnis und in zweiter Linie den Aussagen der Zeugen, in bürgerlichen Sachen zunehmend auf dem Inhalt von Urkunden, aber auch von Zeugenaussagen.

Zur Erledigung von Ungerichtsvorwürfen und Kriminalklagen waren Vergleiche und Sühneverträge sowohl im Mittelalter als auch noch im 16. Jh. allgemein üblich. Eine Einigung auf Geldzahlung ist auch in peinlichen Sachen möglich; Buß- und Wergeldsanktion unterliegen der Disposition der Parteien. Die Magdeburger Schöffen bestätigen dies in ihren Entscheidungen, wobei sie sich dafür einsetzen, dass die Richter ihr Einverständnis geben sollen, wenn die Parteien Vergleiche schließen wollen. Dieser Gepflogenheit tritt Johann von Buch entgegen, indem er für die peinliche Klage die Meinung vertritt, '*dat men desser klage nicht verliken mach wan sy vor gerichte begrepen is verliket me sy mit gaven so blift dy antwerder rechteloß.*' Dies soll allerdings nur gelten, wenn Geld bzw. Gaben hinzutreten; ein Verzeihen der Missetat sei nicht zu beanstanden.

Hier erschienen Untersuchungen lohnend, inwieweit die im Rahmen der Mehrspurigkeit von peinlichem Strafrecht und Geldstrafrecht einerseits, privater und öffentlicher Strafverfolgung andererseits, eine wichtige Rolle spielende Sühnung der Tat von der im Spätmittelalter betriebenen Zurückdrängung strafprozessualer Vergleiche betroffen ist. Den roten Faden bildet die 'zivilrechtliche' Auffassung des Charakters der Sühne. Ein Sühnevertrag kann privat bzw. vor einem Schiedsgericht oder vor Gericht geschlossen werden. In diesem Fall darf er als Prozessvergleich bezeichnet werden. Manche Obrigkeiten üben einen Sühnezwang, der auf dem fiskalischen Aspekt beruht, dass die öffentliche Gewalt eine Brüche für ihre Verfahrensleitung erhält. Schließlich kann für schwere Missetaten auch ein Sühneverbot herauskommen, was ein Anzeichen für die Übernahme der Strafverfolgung durch die öffentliche Gewalt signalisiert. Das Verschwinden der Sühne am Ende des Mittelalters begründet sich mit dem Weichen der 'privaten' Strafauffassung vor der 'öffentlichen'. Beim Sühnezwang versucht die Obrigkeit, die Parteien durch Hoheitsakt zur gütlichen Beilegung zu bestimmen. Davon ausgehend, muss die Obrigkeit reagieren, wenn die Parteien einen Vergleich verweigern. Indem sich die öffentliche Gewalt einmal eingeschaltet hat, wird sie in einem solchen Fall die Bestrafung des Übeltäters betreiben. Eine Ablösung der Strafe durch Geldzahlung nach Verurteilung ist jedenfalls schon nach der im Sachsenspiegel dargestellten Auffassung nicht möglich. Johann von Buch will zum einen generell alle Vergleiche in peinlichen Sachen verbieten, zum andern will er das Ablösungsverbot auf alle bei Gericht anhängigen Klagen ausdehnen, also nicht nur auf Fälle nach Verurteilung, sondern bereits ab Beginn der Befassung der Gerichte. Auch wenn von Buch mit seiner Ansicht nicht allein steht, so begibt er sich doch in Gegensatz zu einer in Sachsen immer noch weit verbreiteten Praxis, mit peinlichen Strafen zurückhaltend umzugehen und statt dessen der Ablösung durch Geld bzw. Sühnen und Vergleichen den Vorrang zu gewähren. In den anderen Regionen Deutschlands ging man im Spätmittelalter dazu über, den Vergleich in Ungerichtssachen zu beschränken und nur noch in bürgerlichen Sachen unbegrenzt zuzulassen.

Das Spannungsverhältnis von peinlichem Strafrecht und Geldstrafrecht führt zu den bereits dargestellten Schwierigkeiten bei der Zuordnung der Straftat zu der richtigen Klageart. Oft kommt sowohl eine peinliche als auch eine bürgerliche Klage in Betracht. Die Klage mit Gerüfte kann wohl schon im 14. Jh. als ein Spezialfall der peinlichen Klage angesehen werden.

In der Glosse zu Ldr. I 68 präsentiert Johann von Buch die dritte Form der Klage, die *vormengede* oder *misschede* Klage. Nachdem Ldr. I 67 die Unterscheidung zwischen peinlicher und bürgerlicher Klage vorgenommen hatte, handelt Ldr. I 68 von einem Bereich von Deliktsfällen, die sich nicht ohne weiteres unter die eine oder die andere jener beiden Klagearten subsumieren lassen. Dabei handelt es sich vor allem um verschiedene Fälle von Körperverletzungen. In Ldr. I 68 geht es also um eine Form der Abgrenzung zwischen peinlichem und Geldstrafrecht, wobei nach der Schwere des eingetretenen Schadens unterschieden wird. Ein typischer Anwendungsfall sind Körperverletzungen 'ohne Fleischwunden', also leichtere Missetaten. Diese sind nicht eindeutig bürgerlich und auch nicht eindeutig peinlich zu klagen, es ist also der Wahl des Klägers überlassen, wie er seine Klage erheben will. Johann von Buch begründet diese Ansicht mit dem Zitat von Inst. 4.4.10: '*In summa sciendum est de omni inuria eum qui passus est posse vel criminaliter agere vel civiliter.*'

Als mögliche Rechtsfolgen kommen sowohl Geldstrafen als auch peinliche Strafen in Betracht. Das liegt nicht nur am Kläger, sondern auch an dem Verklagten. Kommt dieser nach Erhebung einer bürgerlichen Klage nicht zum Gericht, droht ihm eine peinliche Verurteilung. Ist hingegen peinlich geklagt, erscheint der Angeklagte aber rechtzeitig vor Gericht und büßt bzw. sühnt die Tat, so ist der Fall damit erledigt, ohne dass ihm noch eine peinliche Bestrafung drohte. Bei dem häufigsten Anwendungsfall für die Büßung unerlaubter Handlungen, der leichteren Körperverletzungen, legen Lokalrechte fest, dass nur zu einer Buße zu verurteilen und keine Verfestung auszusprechen ist.

Die Übertragung der Buch'schen Lehren von den drei verschiedenen Klagearten auf die tatsächliche Übung in der Gerichtspraxis findet sich im Richtsteig Landrechts. Der Richtsteig (= Rechtsgangbuch) wurde ebenfalls von Johann von Buch verfasst, und zwar im Anschluss an seine Glossenarbeit zum Sachsenspiegel, als deren Ergänzung er sich verstehen soll, in den Jahren zwischen 1325 und 1334. Er ist die bekannteste zusammenhängende zeitgenössische Darstellung des sächsischen Gerichtsverfahrens. Sein Zweck bestand darin, die im Sachsenspiegel verstreut anzutreffenden Regeln des Gerichtsverfahrens in einem Buch zu vereinen und eine Gliederung nach Klagen bzw. nach den mit ihnen verfolgten Rechtsansprüchen zu schaffen. Damit soll den Richtern ein Leitfaden für den forensischen Alltag zur Verfügung gestellt werden, indem ihnen vor allem bei der Beurteilung der richtigen Klageart und für das sich daran anschließende Verfahren eine Übersicht verschafft wird.

Johann von Buch beschreibt im Richtsteig Landrechts die den Parteien zu Gebote stehenden Klagearten. Unter den bürgerlichen Klagen fasst er Streitigkeiten wegen Schuld und Gut zusammen und die peinliche Klage definiert er so, dass der Kläger nichts anderes begehre als dass man den Verklagten wegen seiner Tat peinlich bestrafe. Außerdem nennt er hier die *drüdden klagen*; diese sind keine dritte Klageart, sondern ein Instrument des Wechsels zwischen den beiden erstgenannten. Es handelt sich um die oben beschriebene *vormengede* oder *misschede klage*.

Im Richtsteig Landrechts werden die Unterschiede zwischen den Klagen für den prozessualen Gebrauch näher definiert. Ging es bisher für die bürgerlichen Klagen in der Sachsenspiegelglosse generell *umme schult unn umme schaden*, so ist in Cap. VI folgender Grundsatz aufgestellt: '*Schult het dat ein deme anderen wat plichtich tho donde is / edder dat ein deme anderen wat to donde plichtich wert.*'

In enger wörtlicher Anlehnung schafft Johann von Buch die Konkordanz mit den Klagen aus dem Corpus Iuris Civilis für den sächsischen Rechtsgang. Dabei zählt er zu bürgerlichen Klagen sowohl alle, bei denen es um schuldrechtlich-persönliche Ansprüche geht als auch jene, deren Gegenstand die Herausgabe beweglicher und unbeweglicher Sachen ist. In Cap. XXX stellt er die Voraussetzungen auf, bei deren Vorliegen die peinliche Klage einschlägig ist: '*Tho deme ersten klagen sy eine hantaffte daet over einen der gefangen is in der daet. Tho deme anderen klagen sy overnechtige klage. To deme drüdden klagen sy over einen de ungefangen dar tho der antwerde is. Tho deme vierden klagen sy over den dy vorflüchtich is.*'

Johann v. Buch ist es zum einen gelungen, die Klagen des Sachsenspiegels in eine gewisse Übereinstimmung mit denen des Corpus Iuris Civilis zu bringen, zum anderen hat er mit dem Richtsteig die Klagen übersichtlich zusammengestellt und den Gerichten damit eine Verfahrensordnung an die Hand gegeben. Die Klagen lösen einen unterschiedlichen Verlauf des Prozesses aus. Dies ist also nicht nur Theorie geblieben, denn die Formulierungen des Richtsteigs haben Eingang in lokale Rechtsbücher gefunden und werden auch von Schöffenstühlen in ihren Sprüchen aufgenommen.

Das Studium der Unterteilung der verschiedenen Klagen im Sachsenspiegel führt im Ergebnis zu der Feststellung, dass die peinlichen Klagen nicht alle strafenden Sanktionen erfassen, weil sie nur auf die schweren Delikte und deren peinliche Ahndung zielen. Die bürgerlichen Klagen hingegen erfassen alle Zivilsachen plus die Strafsachen, die eine bürgerliche Rechtsfolge (Geldzahlung) nach sich ziehen. Geldstrafen können in Gestalt der Ablösbarkeit der meisten peinlichen Strafen gesehen werden. Die wegen einer Missetat an die Obrigkeit zu zahlende Geldleistung heißt *pene, Brüche*, aber auch *Buße*, im Sachsenspiegel *Gewette*. Johann von Buch scheint die Geldzahlung unter Parteien nicht als Strafe zu sehen. Eine Privat-Geldstrafe gibt es wohl nicht. Eine ungebrochen große Bedeutung im Untersuchungszeitraum hat der gerichtlich abgeschlossene Sühnevertrag, bei dem sich die öffentliche Gewalt einen Teil der zu erbringenden Vermögensleistung sichert. Wesensmerkmal der gemischten Klagen ist, dass die betreffenden Delikte durch sie flexibel – also entweder peinlich oder bürgerlich – geklagt werden können, wobei während des Prozesses noch die Umstellung auf die Alternative möglich bleibt. Im Ergebnis lässt sich feststellen, dass der Sachsenspiegel die Abgrenzung der Klagen sehr klar vorgenommen hat: in Art. 67 scheidet er die Ungerichts- von allen anderen Klagen, um in Art. 68 anschließend den Spezialbereich der Klagen für minder schwere Missetaten, also die Strafklagen, die keine Ungerichtsfälle betreffen, zu regeln.

Mit der Ordnung der Klagearten hat Johann von Buch zur sachgerechten Behandlung von Strafklage und bürgerlicher Klage und damit zur Trennung von Straf- und Zivilverfahren überhaupt einen wesentlichen Beitrag geleistet. Im 14. Jh. zeigen die Quellen, sowohl Sachsenspiegel und Glossen als auch Richtsteig Landrechts und Schöffensprüche, noch eine klare auf der Privatklage basierende Konzeption des Rechtsganges. Im 15. Jh. werden Veränderungen sichtbar; auch in Sachsen treten mit Verhaftung und peinlicher Befragung deutlich inquisitorische Elemente des Verfahrens auf. Klageerhebung und Betrieb des Prozesses liegen jedoch weiterhin ganz in der Hand des privaten Klägers, sofern es einen gibt. Nur, wenn das nicht der Fall ist, wird ausnahmsweise ein öffentlicher Ankläger bzw. der Richter selbst tätig. Anklage- und Inquisitionsprozess schließen sich aber nicht aus. Sie bestehen überdies nicht nur nebeneinander, vielmehr nimmt der Parteiprozess vermehrt inquisitorische Elemente in sich auf.

Literatur

Die Herausbildung der Strafklage. Exemplarische Studien an Hand deutscher, französischer und flämischer Quellen, Köln, 2009.